Ney,
Maréchal de France &c. &c.

# PROCÈS

## DU

# MARÉCHAL NEY;

### PRÉCÉDÉ

D'une Notice historique sur l'origine et les privilèges de la Pairie, et les jugemens les plus remarquables prononcés contre des Pairs et maréchaux de France, notamment Robert d'Artois ; le comte d'Eu ; le duc d'Alençon ; le maréchal de Gié ; Charles de Bourbon, connétable ; le prince de Condé ; le duc de Biron ; le connétable de Montmorency ; le duc de Fitzjames, etc. ;

ET D'UN PRÉCIS DE LA VIE POLITIQUE ET MILITAIRE DU MARÉCHAL NEY ;

CONTENANT

L'Instruction préliminaire, les Dépositions des Témoins, les Débats, Pièces justificatives, etc.; le Jugement de non compétence de la Commission Militaire, et des Nouveaux débats à la Chambre des Pairs.

## PREMIER CAHIER.

ÉDITION pour faire Collection avec les Plaidoyers et autres Pièces publiés par MM. les Avocats de l'Accusé.

PAR D... JURISCONSULTE.



## A PARIS,

CHEZ L'ÉDITEUR, RUE DU PETIT-BOURBON, N° 8.

CHEZ DELAUNAY, LIBRAIRE, AU PALAIS-ROYAL,

1815.

Les comtes, les barons, les bourgeois même avaient leurs pairs.

L'établissement des fiefs introduisit une forme nouvelle dans le gouvernement, dont l'esprit général demeura toujours le même.

Les titres militaires furent attachés aux terres mêmes, et devinrent avec ces terres la récompense de la valeur.

Chacun ne pouvait être jugé que par les seigneurs de fief du même degré.

La pairie était alors une dignité attachée à la possession d'un fief, qui donna droit d'exercer la justice, conjointement avec ses pairs, ses pareils, dans les assises du fief dominant.

Tout fief avait des pairies ; c'est-à-dire, d'autres fiefs mouvans de lui, et dont les possesseurs, censés égaux entre eux, composaient la cour du seigneur dominant, et jugeaient, avec ou sans lui, toutes les causes de son fief.

Il se forma dans la suite trois ordres : la religion, les armes et la justice. Tout officier royal devint le chef et le supérieur des sujets du Roi, de quelque rang qu'ils fussent ; mais dans chaque ordre, les membres du tribunal supérieur conservèrent le droit de ne pouvoir être jugés que par leurs collègues, et même par les tribunaux inférieurs.

De là vient cette éminente prérogative dont jouissaient les pairs de France, de n'être jugés que par la cour de parlement, suffisamment *garnie de pairs*.

Telle était aussi l'origine du tribunal des maréchaux de France.

Le titre de *pair* du Roi cessa d'être commun à tous les vassaux immédiats du Roi, et fut exclusivement réservé à ceux qui possédaient une terre, à laquelle était attaché le droit de pairie.

Sous Louis-le-Begue, presque toutes les terres du royaume étaient du domaine royal. Le Roi les distribuait à son gré ; mais sous Charles-le-Simple, le royaume fut distribué en sept grandes provinces principales, et celles-ci en comtés.

Les sept principales seigneuries furent données aux maisons les plus puissantes de la monarchie.

Tel était l'état du royaume à l'avènement de Hugues-Capet à la couronne. Il n'y avait alors que sept pairies, toutes laïques, savoir : le duché de France, qui était le domaine de Hugues-Capet. Les duchés de Bourgogne, de Normandie, de Guyenne : les comtés de Champagne, de Flandre et de Toulouse. La pairie de France se trouva réunie à la couronne.

Il ne resta plus que les six autres pairs.

Il fut établi sous les règnes suivans, six pairies ecclésiastiques. Les historiens ne sont pas d'accord sur l'époque de l'établissement des douze pairs.

Dans la suite, le nombre des pairs laïcs a été illimité, et les Rois ont créée des pairies nouvelles en faveur des princes du sang, et d'autres, et même des étrangers.

En 1789, les pairs étaient : 1° les princes du sang, qui étaient pairs-nés à l'âge de quinze ans ; 2° les princes légitimes ; les pairies ecclésiastiques au nombre de sept, par l'érection de la terre de St-Cloud, en duché-pairie, en faveur de l'archevêque de Paris.

Jusqu'au 14e siècle, les femmes héritaient du titre et des prérogatives de *pair*.

Les pairs ont été principalement institués pous assister le Roi de leurs conseils dans les affaires les plus difficiles.

Aux cérémonies du sacre, ils représentent la monarchie, et soutiennent tous ensemble la couronne du Roi.

On appela toujours *cour des pairs, cour de France, ou cour du Roi,* le tribunal où le Roi, assisté de ses pairs, juge les causes qui intéressent l'état des pairs.

La chambre des pairs, telle qu'elle est constituée aujourd'hui, n'est plus une dignité simplement honorifique ; elle partage l'autorité législative. En rendant la pairie héréditaire, le Roi a consacré son indépendance. La charte assure aux pairs la plus honorable, la plus précieuse prérogative de cette ancienne et noble magistrature, le droit de n'être jugé que par la chambre elle-même. Qui pouvait prévoir que, dès la seconde année de son institution, la chambre des pairs serait appelée à exercer cette honorable, autant que pénible attribution ?

Cette époque de notre histoire devait-elle être marquée par tous les genres de crimes et de calamités ?

Les grands procès sont heureusement aussi rares que leurs causes sont affligeantes.

Les accusés sont presque toujours des hommes que recommandent d'anciens services et de grands talens.

Dans aucune de ces causes fameuses déjà si loin des souvenirs de l'histoire moderne, le tribunal appelé à prononcer n'a présenté plus de solennité, un corps plus respectable et plus nombreux.

C'est le premier corps de l'État, suspendant les importantes discussions sur des lois nouvelles, pour prononcer sur le sort d'un seul homme, accusé d'avoir trahi la Patrie et son Roi.

Toute justice émane du Roi. Ce principe, aussi ancien que la monarchie, a été de nouveau consacré par la charte.

Tous les monumens historiques l'attestent, et nous allons en présenter les preuves, en rappelant les principaux arrêts prononcés sur des accusés de haute trahison, qui devaient à leur naissance et à la généreuse confiance des souverains le rang de *pair*, ou une des premières dignités militaires. « Nous avons, dit Montesquieu, une loi admirable, celle qui veut que le prince établi pour exécuter les lois, prépose un officier dans chaque tribunal, pour poursuivre en son nom tous les crimes. » ( Esprit des lois, liv. I, ch. 6. ) Mais cette institution du ministère public n'est pas ancienne.

Notre antique législation criminelle subit de fréquens changemens, sans cesser d'être barbare.

Jusqu'au huitième siècle, tous les crimes, même le meurtre, n'étaient punis que par des amendes.

Et quelle procédure pour la découverte de la vérité ! les combats judiciaires, les épreuves de l'eau et du feu ; et nos ancêtres appelaient ces atroces absurdités le *jugement de Dieu* ?

Les capitulaires de Charlemagne, les assises de Jérusalem, les établissemens de Saint-Louis, laissèrent subsister ces vieilles coutumes dans toute leur barbarie.

François Ier avait promis la réformation de tant d'abus. Mais ses deux chanceliers *Poyet* et *Duprat*, sous prétexte de rendre la procédure plus simple et plus expéditive, enlevèrent à l'innocence tout appui, tout moyen de justification.

« .... Aux accusés de crime, le procès soit fait le plus diligemment et secrètement que faire se pourra, en manière qu'aucun n'en soit averti, pour éviter subordination et forgement.... ( Art. 23, ord. de 1535. )

« .... En matières criminelles, ne seront les parties *aucunement* ouïes par conseil, ne ministère d'aucune personne, mais répondront par leur bouche des cas dont ils sont accusés, et seront ouis et interrogés séparément, secrètement et à part. » ... ( Ord. de 1632, art. 162. )

Les lettres renaissaient alors ; et l'on faisait de telles lois ! Quel contraste ! La vie, l'honneur, la liberté des Français étaient livré au plus effrayant arbitraire, et six siècles auparavant ces mêmes Français avaient leurs assises et leurs jurés. Mais toutes les sages institutions de Charlemagne et de Saint-Louis n'avaient pu survivre à ces deux monarques législateurs.

Louis XIV a immortalisé son règne par des ordonnances pleines de sagesse ; celle du commerce maritime est devenue la loi commune de l'Europe. Mais son ordonnance criminelle semble appartenir encore aux siècles barbares qui l'avaient précédé, et dont il voulait faire oublier les erreurs.

Que pouvait être à ces diverses époques la jurisprudence, même celle des cours souveraines ?

Elle varie pour ainsi dire dans chaque circonstance. En parcourant ces longues annales séculaires, en comparant ensemble les arrêts rendus dans les accusations les plus importantes, telles que celles de lèse-majesté, on voit le mode d'instruction, le nombre et la qualité des juges changer chaque fois.

Dans presque toutes les causes de ce genre, le Roi présidait le tribunal extraordinaire qu'il avait créé.

## PROCÈS DU COMTE D'EU.

Henri IV, forcé de punir Biron, à qui il eût voulu pardonner, lui donna des juges, mais il s'abstint de les présider suivant l'usage. Le Roi Jean avait déjà donné l'exemple toujours affligeant des procès par commission.

Les privilèges des pairs ne furent pas toujours aussi respectés qu'aujourd'hui.

Si les pairs furent convoqués par Philippe-de-Valois pour juger Robert d'Artois; si ce Roi, pour cette affaire, les convoqua lui-même par des lettres signées de son sceau, *pour venir devant nous en notre cour suffisamment garnie de pairs;* s'il créa son fils Jean pair de France, pour assister à cette assemblée qu'il tint au Louvre, il ne suivit aucune de ces formalités pour faire juger Olivier de Clisson, vaguement accusé de connivence avec les Anglais.

Sous son successeur le roi Jean, le comte *d'Eu,* connétable et pair de France, fut jugé, non par les pairs, non pas même par le parlement, mais livré au prevôt de Paris, qui prononça seul, et envoya à l'échafaud, sans procédure préalable, le premier dignitaire du royaume.

## PROCÈS DU DUC D'ALENÇON.

En 1458, *Charles VII* demanda au parlement comment il fallait procéder contre *Jean, duc d'Alençon,* accusé de haute trahison.

Le parlement répondit, que le Roi devait le juger en personne, accompagné des pairs de France et autres seigneurs tenant en pairie, et autres notables de son royaume, tant prélats que gens de son conseil, qui en devaient connaître.

Le Roi tint son lit de justice à Vendôme. C'est peut-être la seule assemblée de ce genre dont les historiens nous aient conservé une assez exacte tradition, quant au nombre et à la qualité des juges.

Sur les bancs de la droite étaient placés le Dauphin, qui n'avait que douze ans; les ducs d'Orléans et de Bourbon; les comtes d'Angoulême, du Maine, d'Eu, de Foix, de Vendôme et de Laval.

Au-dessous de ce banc étaient assis trois présidens du parlement : le grand maître de Chabanes, quatre maîtres des requêtes, le bailli de Senlis, et dix-sept conseillers.

Au haut banc de la gauche, vis-à-vis les princes et pairs laïcs, étaient le chancelier de France de Trenel, les six pairs ecclésiastiques, les évêques de Nevers, de Paris, d'Adge, et l'abbé de Saint-Denis.

Au-dessous d'eux, sur un autre banc, siégaient les seigneurs de la Tour-d'Auvergne, de Torci, de Vauvert; le bailli de Touraine, les sires de Prie et de Precigny, le bailli de Rouen et le sire Descarts.

Sur un banc, à côté, étaient quatre trésoriers de France, le prevôt des marchands et le prevôt de l'hôtel du Roi; et après eux dix-sept autres conseillers du parlement.

On a remarqué que c'est dans cette assemblée que les chanceliers précédèrent pour la première fois les évêques, et que depuis, pendant plusieurs années, ils ne cédèrent point le pas aux cardinaux.

La procédure du duc d'Alençon s'est perdue comme tant d'autres; mais on sait que son arrêt lui avait été notifié dans la prison par *Thoret,* président du parlement; *Boulanger,* conseiller; et *Jean Burceau,* trésorier de France.

*Guillaume Juvénal des Ursins,* chancelier de France, lui lut l'arrêt en présence du Roi.

Cette lecture n'était que de forme, puisque le condamné le connoissait déjà par la notification qui lui en avait été faite.

*Jean Juvénal des Ursins*, archevêque, implora la clémence du Roi en faveur du duc d'Alençon.

Les pairs ecclésiastiques et les autres prélats opinèrent dans cette affaire; mais aucun d'eux n'opina à la mort.

Le Roi commua la peine en un emprisonnement perpétuel; son successeur Louis XI, à son avénement au trône, le fit mettre en liberté.

Mais le duc d'Alençon paya ce bienfait par la plus criminelle ingratitude; il se ligua avec les Anglais contre le Roi.

Le Roi le fit arrêter par son grand prevôt *Tristan Lhermite*. On prit des informations sévères sur sa conduite, et on découvrit qu'il avait fait de la fausse monnaie dans ses terres, et qu'il avait ordonné l'assassinat de ceux qui avaient trahi le secret de sa conspiration sous le feu Roi.

Enfermé au château de Loches en 1472, il y fut interrogé par le chancelier de France; le même *Guillame Juvénal des Ursins*, assisté du comte de *Dunois*, de *Guillaume Cousineau*, chambellan du Roi; et *Jean Boulanger*, président du parlement; plusieurs membres de ce corps et du grand conseil.

La confiscation de ses terres fut prononcée avant qu'il fût jugé.

L'instruction de ce second procès fut faite au Louvre, par commissaire, sans le concours d'aucun pair; car le comte de Dunois, l'un des commissaires, n'était pas encore pair de France. Cette seconde procédure dura près de deux ans, car l'arrêt de condamnation ne fut prononcé que le 18 juillet 1474, par les chambres assemblées.

Ce fut alors que l'on commença à regarder le parlement comme cour des pairs.

Nous n'avons point parlé de l'arrêt fameux prononcé, plus de deux siècles auparavant, par les pairs de France, contre le roi Jean Sans-Terre; et qui condamnent ce prince à la peine de mort.

Cet arrêt ne pouvait recevoir aucune exécution.

Il résulte de l'arrêt que nous venons de citer, qu'il n'y eut jamais de règles certaines sur la manière de procéder dans les jugemens relatifs aux grandes pairies.

On n'observa pas toujours l'ancien usage, qui voulait qu'un prince, pair de France, ne fût jugé que par ses pairs.

Le Roi convoquait les pairs où il voulait. Cet usage s'est maintenu long-temps en Angleterre, où Guillaume-le-Conquérant avait établi les anciennes lois de France, et l'institution des jurés, dont les capitulaires de Charlemagne attestent l'existence en France plus de trois siècles auparavant.

## PROCÈS DE CHARLES DE BOURBON.

Le 16e siècle fut marqué par un autre procès contre un prince français, bien plus important que ceux des comtes *d'Eu* et du duc *d'Alençon*. Celui du connétable Charles duc de *Bourbon*.

Ce prince, qui avait été aussi habile que brave, qui avait illustré les armées françaises à Marignan, et qui fit son Roi prisonnier à Pavie, n'avait quitté la France, et ne s'était mis à la tête des troupes de Charles-Quint que par haine contre Louise de Savoie, mère de François Ier.

Cette princesse, furieuse des refus qu'avait fait de sa main le duc de Bourbon, résolut de le ruiner. Sans egard pour les actes solennels et les plus sacrés, elle lui intenta un procès au parlement de Paris, et fit séquestrer tous ses biens.

A la nouvelle de la défection du connétable, le Roi différa son voyage pour l'Italie. Il donna commission au maréchal *Chabanes*, grand maître de sa maison, au premier président du parlement de Normandie, et à un maître des requêtes, d'aller interroger les confidens du connétable, qui furent d'abord mis en prison.

Parmi ce nombre étaient deux évêques, celui d'Autun et celui de Pau.

Un secrétaire du roi fit les fonctions de greffier:

ce qui était une véritable innovation en pareil cas.

Le reste de l'instruction fut faite par de nouveaux commissaires; *Jean de Selve*, premier président du parlement de Paris; *Jean Salat*, maître des requêtes; *François de Loyne*, président aux enquêtes; *Jean Papillon*, conseiller.

Le Roi, par lettres des 20 septembre, 15 et 20 octobre 1522, ordonna de faire le procès au Connétable absent, et à ses complices emprisonnés.

Les quatre commissaires conseillèrent au Roi de renvoyer l'affaire au parlement de Paris.

Le Roi rejeta d'abord cet avis, qu'il fut bientôt forcé de suivre; il craignait de se brouiller avec la cour de Rome en faisant juger les deux évêques: les autres furent jugés en condamnés en janvier 1523; les uns à mort, les autres à diverses peines.

L'un d'entre eux, le seigneur de Saint-Vallier, éprouva en entendant son arrêt, une impression si vive, que tous ses cheveux blanchirent peu d'heures après. Il était père de Diane de Poitiers, alors enfant, et devenu célèbre depuis.

Le Roi accorda la vie au seigneur de Saint-Vallier; il fut lui-même au parlement de Paris, le 8 mai 1523, accompagné seulement de deux nouveaux pairs, les ducs *d'Alençon* et de *Bourbon-Vendôme*.

Deux seuls pairs ecclésiastiques, les évêques de Langres et de Noyon y assistèrent; mais ainsi que tous les conseillers clercs, ils s'abstinrent d'opiner.

Il fut ordonné qu'on ajournerait le Connétable à son de trompe.

Cette formalité eut lieu à Lyon, parce qu'alors on regardait cette ville comme la dernière du royaume du côté de l'Italie. Le Dauphiné, qui appartenait au Dauphin, n'était pas considéré comme province de la monarchie.

Mais alors le Connétable, à la tête de l'armée ennemie, répondait à l'ajournement du Roi et de son parlement de Paris, en entrant en Provence et en assiégeant Marseille.

Le Roi changea encore une fois les membres du tribunal; mais le procès ne se poursuivait qu'avec lenteur. Il fut abandonné quand le Roi fut vaincu et pris à Pavie par l'armée, dont une partie était commandée par le même duc de Bourbon.

Il ne fut plus dès lors question du procès. Tous ses biens lui furent rendus par le traité de Madrid, avec le droit d'exercer des prétentions sur sa souveraineté de la Provence, et la promesse de ne faire aucune poursuite contre ses amis et ses serviteurs.

Le Roi signa ce traité; mais dès qu'il fut libre et de retour en France, il ne se crut point engagé envers des vainqueurs, qui avaient mis sa liberté à d'aussi humiliantes conditions; et après la mort du Connétable, tué en prenant Rome, il le condamna, le 20 juillet 1527, dans la grand'chambre du parlement de Paris. Il était assisté de quelques pairs.

Le chancelier Duprat prononça contre le défunt Connétable, l'arrêt qui *damnait et abolissait sa mémoire et renommée à perpétuité*, et confisquait tous ses biens, meubles et immeubles.

Mais la plus grande partie de ses biens fut rendue à sa maison. Et sans l'injuste procès que lui avait intenté Louise de Savoie, il n'eût jamais songé à abandonner la bannière des lis que suivait Bayard; et il eût vécu comme ce noble modèle des *preux*, sans peur et sans reproche.

## PROCÈS DE LOUIS DE BOURBON,
### PRINCE DE CONDÉ.

On avait été plus indigné que surpris de voir le conseiller *Anne Dubourg* jugé par des commissaires sans le concours des pairs; mais on ne s'attendait pas que les pairs ne seraient point appelés au procès d'un prince du sang.

*François de Guise*, et le cardinal *de Lorraine* son frère, tous deux étrangers, gouvernaient l'état sous le nom du jeune et faible François II, qui avait épousé leur nièce Marie Stuart, qui occupa depuis le trône d'Ecosse, et mourut sur un échafaud.

Les princes français humiliés par les Guises, éloignés par eux de la cour, ne purent se soutenir qu'en se réunissant secrètement aux protestans, que la persécution rendaient plus nombreux et plus zélés.

*Louis de Condé*, frère d'Antoine de Bourbon, roi de la Basse-Navarre, entreprit de dépouiller les Guises d'un pouvoir usurpé, et devient l'un des chefs de la fameuse conspiration d'Amboise, qui fut tramée par un grand nombre de gentilshommes catholiques et protestans.

Jamais conspiration ne fut conduite avec plus d'adresse et d'audace; le succès en était assuré, sans la trahison de l'avocat *Davenel* qui en vendit le secret.

Les principaux conjurés moururent presque tous les armes à la main. D'autres périrent dans les supplices; les partisans qu'ils avaient dans les provinces ne perdirent pas courage. L'un d'eux, le seigneur de Mouvans, fit aux émissaires des Guises cette réponse hardie : *Dites aux princes Lorrains que tant qu'ils persécuteront les princes du sang, ils auront dans Mouvans un ennemi irréconciliable. Tout pauvre qu'il est, il a des amis gens de cœur.*

Le prince de Condé, qui attendait dans Amboise, près du Roi, la victoire ou la défaite de ses partisans, fut arrêté par le grand prevôt de l'hôtel, *Antoine Duplessis Richelieu*. Il avait si bien pris ses précautions, et parla avec tant d'assurance, qu'il fut mis en liberté.

Il se réfugia dans le Béarn, et s'y déclara publiquement protestant.

Les protestans essayèrent en vain de lui livrer la ville de Lyon; les catholiques s'armèrent contre eux, et le sang coula dans Lyon comme dans Amboise.

Le prince de Condé, et son frère le roi de Navarre, osèrent néanmoins se présenter à la cour, qui était à Orléans, où le Roi avait convoqué les états-généraux.

Il fut arrêté par *Philippe de Maillé* et par *Chavigny le Roi*, capitaine des gardes.

Les Guises résolurent de faire assassiner le roi de Navarre, et firent commencer le procès du prince de Condé.

Des commissaires furent nommés au nombre de quatre; le chancelier *de Lhopital; Christophe de Thou*, président du parlement, père de l'historien; les conseillers *Faye* et *Viole.*

Ils l'interrogèrent. Il devait être jugé par eux et les seigneurs du *conseil étroit* du Roi. Ainsi le duc de Guise devait être l'un des juges.

Toutes les formes consacrées par les lois et l'usage de la monarchie furent encore violées. Le prince en appela vainement au Roi; vainement il déclara qu'il ne pouvait être légalement jugé que par les pairs assemblés. Ses réclamations furent rejetées.

Il fut condamné à la pluralité des voix dans le conseil du Roi, auquel on avait adjoint le président *hristophe de Thou*, et les deux conseillers du parlement.

Le chancelier de *Lhopital* refusa de signer cet arrêt inique et de le faire exécuter.

François II mourut. Son frère Charles IX lui succéda à l'âge de dix ans et demi.

Catherine de Médicis tira le prince de Condé de sa prison.

Il parut se réconcilier avec le duc de Guise. On les fit même embrasser.

Mais cette réconciliation n'était et ne pouvait être nullement sincère.

Le prince ne dut la vie qu'à la courageuse et loyale résistance du chancelier de Lhopital.

## PROCÈS DE CHARLES DE GONTAUT,
### DUC DE BIRON.

Biron était tout à la fois amiral, connétable et pair de France. Henri IV l'aimait comme il savait aimer. Il le comblait d'honneur, et lui témoignait dans toutes les circonstances la plus généreuse et la plus franche amitié.

Il avait érigé en duché-pairie la baronnie de Biron. Biron trahit à la fois l'honneur et l'amitié. Il se ligua avec les Espagnols et le duc de Savoie, dont il espérait épouser la fille. Il s'arma contre son bienfaiteur, son ami et son Roi.

Son crime était évident. Arrêté et mis en prison, il ne pouvait espérer de pardon.

Et le bon Henri, oubliant l'énormité de son crime, lui fit offrir sa grâce; il ne la mettait qu'à une seule condition, l'aveu de sa forfaiture.

Biron refusa de faire cet aveu, d'ailleurs fort inutile pour la conviction de ses juges. Son crime de haute trahison était prouvé avec la plus irrésistible évidence.

Henri IV se récusa lui-même, et ne voulut point, à l'exemple de ses prédécesseurs, présider le tribunal qu'il avait convoqué pour juger ce grand coupable.

Il fit plus. Les complices de Biron étaient nombreux et connus. Son seul secrétaire fut mis en jugement.

Le duc de Biron, convaincu du crime de lèse-majesté, fut condamné à mort, et exécuté dans la cour de la Bastille, le 31 juillet 1602.

Conformément aux lois du royaume, l'arrêt de condamnation avait ordonné la confiscation des biens du condamné au profit du Roi.

Henri les rendit au frère du duc. Le parlement lui adressa des remontrances sur cette libéralité, que l'on regardait comme contraire à l'équité et aux lois de la monarchie.

On représentait au Roi que la politique était, à cet égard, d'accord avec la justice. Le parlement refusait opiniâtrement la vérification de cette donation à la chambre des comptes.

« Ce don, disaient les commissaires du parlement, « était contre les anciennes règles de la chambre, « laquelle n'avait jamais appris de vérifier cette ma- « nière de dons faits aux héritiers de ceux qui avaient « été condamnés à mort pour crime de lèse-majesté « au premier chef. A quoi faire nos ancêtres avaient « été sagement induits, pour détourner tous les sujets « de tels exécrables attentats, afin que leurs proches « parens, habiles à leur succéder, n'espérassent « trouver ressource en la libéralité de nos rois, sur « les biens qui avaient été confisqués. » (Pasq. Rech. sur l'Hist. da France. T. I, pag. 578).

Le même auteur nous a conservé la réponse du Roi à ces remontrances.

« Je trouve, dit le bon Henri, votre règle pleine « de zèle et discrétion; mais, quant à moi, je veux « qu'on sache, que ce n'a été, ni l'or, ni l'argent, « ni ces biens qui m'ont seconds à la mort du défunt, « ains la vengeance publique en celui qui avait cons- « piré contre le repos général de moi et de mon « royaume. Et pour cette juste cause ai-je voulu que « son procès lui fut fait et parfait, afin de servir « d'exemple à chacun : maintenant il me plaît de gra- « tifier son frère du bien à moi adjugé, pour l'ex- « citer à bien faire; ainsi que par la mort du défunt « il doit être détourné du mal. »

Pendant l'instruction de ce procès fameux, on menaçait le Roi de voir toute la noblesse abandonner sa cour. Ces menaces ne purent le déterminer à suspendre le cours de la justice, ni à désarmer sa sévérité. Le chef puni, il fit mettre les autres accusés en liberté.

Il s'en expliquait ainsi dans la même circonstance en parlant directement à Étienne Pasquier, qui le rapporte; et à un autre membre du parlement : « On me disoit, que si je permettais qu'il fût exécuté à mort, ma cour demeurerait déserte, pour la créance, qu'il avoit eu la noblesse, et la noblesse en lui; et jamais je ne la vis si pleine, qu'elle est, chacun se présentant devant moi, pour dire qu'il n'avait jamais été de la conjuration; chose que je suis très-content de croire, encore que je sache le contraire. »

Et notre bon Roi Henri (continue Pasquier) leur pardonna sans mot dire; il ne les voulut offenser, pour se les rendre obligés; et par ce moyen, assoupit et tranquillisa toutes choses à petit bruit.

## PROCÈS DE HENRI II,

### DUC DE MONTMORENCY, PAIR ET MARÉCHAL DE FRANCE, ET AMIRAL.

Comme le connétable de Bourbon, Henri de Montmorency, s'était rendu célèbre par des talens et des succès militaires, la haine du Connétable contre Louise de Savoie, mère du Roi, l'avait jeté dans les rangs ennemis. La principale cause de la défection du maréchal de Montmorency, fut son ressentiment contre le cardinal de Richelieu, premier ministre.

Gouverneur du Languedoc, Henri de Montmorency souleva cette province contre l'autorité du Roi, et en faveur du duc d'Orléans. Il se mit a la tête des mécontens (1).

Il osa, avec des forces inégales, se présenter devant l'armée du maréchal de *Schomberg*. Il fut blessé de deux coups de pistolet, et fait prisonnier ; et par ordre exprès du Roi, conduit à Toulouse, pour y être jugé comme coupable du crime de lèse-majesté.

Il y arriva le 27 octobre 1632, conduit par le maréchal de *Brezai*, qui le remit au sieur de *Launay*, lieutenant des gardes-du-corps.

---

(1) Monsieur, duc d'Orléans, frère de Louis XIII, étant entré en armes dans la Bourgogne, publia un manifeste pour justifier sa conduite, exhortant tous les Français à courir sur le cardinal de Richelieu, qu'il traitait de perturbateur du repos public, d'ennemi du Roi et de la maison royale..... L'approche du maréchal de La Force l'obligea bientôt de songer à la retraite, et de gagner l'Auvergne. Il fit en chemin quelqu'infanterie, avec quoi il entra dans le Languedoc, beaucoup plus-tôt que ne le souhaitait le maréchal de Montmorency, et qu'il ne convenait aux intérêts de l'un et de l'autre.....

Les États de Languedoc assemblés, à Pézénas, se déclarèrent pour *Monsieur*, à la sollicitation de plusieurs évêques de la province, et surtout du maréchal de Montmorency, qui délivra aussitôt des commissions pour lever des troupes.

Le parlement de Toulouse, par un arrêt, cassa tout ce qui avait été fait à Pézénas, et le Roi déclara criminels de lèse-majesté tous ceux qui favoriseraient le parti du duc d'Orléans... ( *Mémoires pour servir à l'Histoire Universelle de l'Europe*, par le P. Davrigny. Année 1632. )

Il avait été escorté par des mousquetaires à cheval, et deux ou trois cents maîtres armés de toutes pièces.

Toutes les rues, depuis la porte par où il entra, jusqu'à l'hôtel-de-ville, étaient bordées de gens armés.

Des corps de gardes avaient été établis sur toutes les places, dès le 22, où par ordre du Roi, les capitouls avaient remis les clefs de la ville aux capitaines des gardes.

Deux heures après l'arrivée du maréchal de Montmorency, deux conseillers de la grand'chambre, délégués par le parlement, lui donnèrent communication de la commission.

Il répondit, que « bien que pour le rang, qu'il « tenait en France, il ne dût être jugé que dedans et « par le parlement de Paris, qui est la seule cour « des pairs, son affaire était néanmoins d'une telle « conséquence, que s'il ne plaisait au Roi d'étendre « sur lui les fruits de sa miséricorde, il n'y avait « point de juge, qui n'eût le pouvoir de le con- « damner.

« Que toutefois il était fort content que messieurs » du parlement de Toulouse fussent commis pour ses « juges, qu'il les avait toujours fort honorés, et les « estimait fort gens de bien. »

Les commissaires s'assirent au bout d'une table, et firent asseoir le maréchal à gauche ;

On procéda à l'interrogatoire.

Sept temoins lui furent confrontés. Trois capitaines du régiment des gardes, un lieutenant, deux sergens, et Guilleminet, greffier des États du Languedoc.

Le maréchal convint de tout de ce que déposaient les six premiers témoins ; mais il nia avoir signé la délibération des États du 22 juillet, et traita de faussaire le greffier Guilleminet.

Le cardinal de La Valette, le nonce du pape, le duc de Chevreuse, le duc d'Épernon, tous les premiers seigneurs de la cour, disent les historiens du temps, ne cessaient de faire des prières à Dieu et au Roi pour obtenir la grâce de M. de Montmorency. Un gentilhomme, envoyé par *Monsieur,* frère du Roi, se jeta vainement aux pieds de S. M., qui répondit *que l'affaire était entre les mains de son parlement.*

Dès le 28, le garde des sceaux, accompagné de six maîtres des requêtes, s'était rendu au parlement.

Le procès, qui déjà avait été instruit, fut mis sur le bureau pour la première fois.

La nuit du 29 au 30, les compagnies du régiment des gardes entrèrent à Toulouse, et s'y réunirent à celles qui y étaient entrées le 22; elles formaient environ douze cents hommes.

Les gardes du corps s'emparèrent de toutes les avenues du palais. Le 30, à deux heures du matin, on entendit battre le tambour, depuis le palais jusqu'à l'Hôtel-de-Ville.

De sept à huit heures du matin, le comté de *Chaslus* reçut ordre du Roi de prendre M. de Montmorency dans son carrosse, et de le conduire au palais.

Il y fut conduit. Les chambres étaient assemblées dans la grand'salle.

Le maréchal fut mis sur une sellette au milieu du parquet, si élevée, qu'elle se trouvait à la hauteur du siège des juges. Il avait la tête nue, sans fers, contre l'usage ordinaire du parlement de Toulouse. Les accusés mis sur la sellette avaient toujours les fers aux pieds.

M. le garde des sceaux l'interrogea d'abord sur ses noms, son âge, etc. Ensuite, s'il avait signé la déclaration des États de Languedoc.

Il répondit, qu'après y avoir bien songé, il se souvenait l'avoir signé.

S'il avait appelé et fait entrer M. le duc d'Orléans dans son gouvernement?

Répondit que non, ajoutant que *Monsieur* étant entré dans le royaume, les États de la province du Haut et Bas-Languedoc l'avaient supplié de prendre la protection de leurs privilèges.

D. Si ce n'était pas *Monsieur* qui l'avait excité à prendre les armes?

Rép. Que quant à lui, il ne voulait point chercher d'excuses sur la personne de Monsieur.

D. Qui l'avait donc obligé de faire ce qu'il avait fait?

Rép. Que c'était son malheur et son mauvais conseil.

D. Quels étaient ceux qui l'avaient suivi au combat?

Rép. Qu'il avouait, à cet égard, tout ce qu'avaient dit les témoins.

D. S'il avait eu intelligence avec les étrangers, qui s'étaient avancés jusqu'en Roussillon.

Rép. Qu'il n'avait jamais eu aucune intelligence pour nuire en quelque façon que ce fût à l'État.

D. S'il ne croyait pas avoir manqué à l'obéissance et à la fidélité qu'il devait au Roi; et si, pour réparation de ces crimes, il ne méritait pas que la justice le condamnât à mort?

Rép. Que pour les fautes qu'il avait commis envers Dieu et son Roi, comme pécheur qu'il était, il méritait la mort, au delà de tout ce qu'on pourrait dire.

Sorti de la chambre, il demanda d'y rentrer. Là, il s'excusa de s'être emporté contre le greffier *Guilleminet,* lors de sa confrontation. Il avoua que c'était lui qui avait obligé ce greffier à signer la délibération, contre son sentiment.

Il fut ramené à l'hôtel-de-ville dans le même ordre et avec les mêmes précautions que le matin.

Il reçut la visite du cardinal de La Valette, son ami, qui avait obtenu du Roi la permission de le voir.

Il lui demanda cent pistoles pour son chirurgien, et lui recommanda son valet de chambre, qui ne l'avaient pas quitté.

Le cardinal partit aussitôt de Toulouse, et vint s'enfermer dans son abbaye de Granzelle.

La nuit venue, le maréchal écrivit à son épouse et au cardinal de La Valette.

Le lendemain 31, les chambres s'assemblèrent sous la présidence du garde des sceaux.

Le doyen de la chambre, après un long discours, fut le premier qui opina à la mort. Le reste de l'assemblée opina du bonnet, sans proférer un mot. Le garde des sceaux ayant été du même avis, on rédigea l'arrêt, qu'il signa sur-le-champ.

Une députation fut chargée d'aller porter au Roi l'arrêt.

L'exécution devait avoir lieu sur la place publique de Salins, et les biens du maréchal confisqués au profit du Roi.

Le Roi, par une lettre du grand sceau, changea le lieu de l'exécution, et ordonna qu'elle serait faite à huis-clos, dans la Maison de Ville.

Le comte de *Chaslus*, d'après les ordres du Roi, fit part de ces lettres au maréchal de Montmorency, lui redemanda l'ordre du Saint-Esprit et le bâton de maréchal de France.

Après lui avoir remis l'un et l'autre, le duc pria M. de Saint-Preuil de demander pardon au Roi de sa part, et d'offrir à M. le cardinal de Richelieu un tableau de saint François, comme une marque, qu'il mourait son affectionné serviteur.

Le même jour à midi, les deux commissaires et le greffier criminel vinrent lui lire son arrêt dans la chapelle de l'hôtel-de-ville.

Il l'entendit à genoux, les yeux fixés sur un crucifix. La lecture faite, il se releva et se recommanda aux prières des commissaires.

Ceux-ci le laissèrent entre les mains du père *Arnoux*, son confesseur, et de trois autres jésuites. Il ôta sa robe de chambre qui était d'une étoffe fort riche. *Il n'en faut point*, dit-il à son valet de chambre; *nous irons tout blanc en paradis*. Après avoir prié quelque temps, il demanda à quelle heure il devait être exécuté. On lui répondit à cinq heures. Il désira mourir plus tôt; se fit déshabiller et couper les cheveux: remit au père Arnoux les lettres qu'il avait écrites la nuit précédente; un reliquaire pour madame la prin-

cesse sa sœur; et une bague pour mademoiselle de Bourbon, sa nièce.

Deux heures sonnaient : il demanda encore si tout était prêt : on lui répondit que tout était préparé.

Il descendit et traversa une allée, entra dans une cour assez étroite, monta sur un échafaud élevé de quatre pieds.

..... Il salua la garde, le grand-prevôt, les capitouls, qui avaient eu ordre de s'y trouver.....; et se plaçant lui-même sur le fatal poteau : *Frappe hardiment*, dit il, à l'exécuteur, et il expira....

Alors le grand-prevôt fit ouvrir les portes.

Ce procès fut instruit avec une étonnante célérité. Nous en avons cité d'autres dont l'instruction avait duré plus d'une année, et celui-ci fut terminé en quelques jours. Il est vrai que les aveux de l'accusé rendait l'information testimoniale à peu près inutile, et il n'y avait que sept témoins.

Ce fut aussi le parlement de Toulouse, auquel était adjoint deux commissaires, qui, le 9 février 1805, avait condamné à la dégradation le maréchal de *Gié*. La simple lecture des chefs d'accusation prouve que le malheureux maréchal avait de puissans ennemis, et quelques torts bien dignes de pardon.

On lit dans le titre de l'acte d'accusation...... 1°- d'avoir révélé que le roi avait le *flux de sang*, qui le conduirait au tombeau; 2°. d'avoir pris des mesures pour que la reine et sa fille ne se retirassent pas en Bretagne, etc.; 3°. que la reine ne l'aimait pas, mais qu'il s'en souciait peu; 4°. d'avoir secoué la tête quand on lui disait du bien de cette princesse, etc.

Le maréchal n'était pas innocent quant aux inconvenances contre le roi et la reine. Mais des chefs d'accusations tels que ceux que les historiens rapportent, prouvent l'évidente partialité de ses juges et rappellent ce mot de Cremetius Cordus : *Verba mea arguntur ; adeo factorum innocens sum*. Tacit., ann. 4, 34. Mais c'était sous Tibère ; et le maréchal de Gié fut condamné sous Louis XII.

Le motif du renvoi de ce déplorable procès au parlement de Toulouse, est digne de remarque.

Il est pris de ce que ce parlement étant en pays de droit écrit, il devait conformer son jugement *aux lois romaines, plus précises sur la nature du crime imputé au maréchal, que nos coutumes et nos ordonnances.*

Ce parlement seul, en effet, dans tous les temps, s'est montré jaloux de cette réputation de sévérité qu'on pourrait appeler autrement. C'est ce parlement qui jugea les maréchaux *Gié*, *Monmorency*, et *Calas*, etc.

A une époque bien plus récente, le même parlement, qui avait montré tant de dévouement et d'obéissance aux ordres du Roi, tint une conduite absolument opposée, en refusant non-seulement d'obtempérer aux ordres de son souverain, et de reconnaître son autorité; mais il rendit un arrêt contre le duc de Fitzjames, commandant de la province, portant renvoi de la procédure devant le parlement de Paris, etc.

L'arrêt d'instruction de Toulouse fut déféré aux chambres assemblées, et cassé : tous les pairs avaient été convoqués.

Ce procès et celui du duc d'Aiguillon sont les derniers de ce genre, qui aient eu lieu jusqu'à l'époque de la révolution.

Les plus respectables monumens de notre histoire et de notre droit public, placent sur la même ligne les maréchaux et les pairs, quant à la juridiction à laquelle ils sont soumis pour les délits, dont ils peuvent se rendre coupables.

Les premiers maréchaux étaient les adjudans du connétable et partageaient son autorité, ils en ont conservé du moins en partie les éminentes prérogatives, depuis la suppression de cette grande dignité.

L'exposé des débats du procès du maréchal Ney, présentera la discussion de l'importante question que nous n'avons fait qu'indiquer ici.

Nous avons dû nous borner, dans cette introduction, à rappeler les faits historiques qui, par leur analogie avec la nature du délit imputé au maréchal Ney et les hautes dignités dont il est revêtu, peuvent jeter quelque lumière et quelque intérêt sur une cause aussi importante.

---

# PROCÈS DU MARÉCHAL NEY.

---

Cette cause appartient à l'histoire; la gravité de l'accusation, la grande réputation politique et militaire de l'accusé, le rang éminent auquel l'ont élevé ses talens, ses services et son courage; le choix et la haute dignité de ses juges, l'importance et la solennité des débats; tout dans cette cause inspire l'intérêt le plus vif et le plus général.

Impassible comme la loi dont il est l'organe, le magistrat, s'élevant au-dessus de toutes les considérations, ne voit d'abord dans l'accusé qu'un malheureux qu'il doit plaindre, jusqu'à ce que des preuves claires et précises lui signalent le coupable qu'il doit punir.

Née de l'engouement ou de la haine, repoussant tout ce qui peut l'éclairer, saisissant avec avidité tout ce qui la flatte, la prévention absout ou condamne, sans examen et sans pudeur.

Tous les moyens lui sont bons pour nourrir et propager l'exaspération de ses éloges ou de ses satyres.

Cet esprit de faction ou de coterie n'est pas aussi généralement répandu qu'on le pense.

On ne croit plus aussi facilement aux écrits qui portent le cachet d'un parti. Nous espérons qu'on ne trouvera dans cet ouvrage que celui de la vérité.

NOTICE *sur la vie politique et militaire du maréchal Ney.*

*Michel Ney* naquit à Sarrelouis ( Moselle ) le 10 janvier 1769.

Il embrassa, bien jeune encore, la profession militaire. Il fit ses premières armes dans le régiment de hussards colonel-général.

Adjudant-général de cavalerie en 1794, il déploya dans les actions les plus importantes et les plus périlleuses cette justesse de jugement, cette prodigieuse activité, cette prudence qui devine et surmonte tous les obstacles et commande tous les succès.

Les plus brillans faits d'armes attachent son nom aux plus belles pages de nos annales militaires.

Il fut le compagnon d'armes, l'émule et l'ami de Kléber et de Moreau.

L'armée l'appelait l'*infatigable* et le *brave des braves.*

Le premier à l'attaque, le dernier dans les retraites, il se signala avec un égal succès par ses talens et par son audace.

C'est le même guerrier qui, sous un travestissement prussien, entre seul dans *Manheim*, et le lendemain, à la tête de cent cinquante soldats sans cartouches, enlève tous les postes, repousse une sortie de la garnison, pénètre dans la ville et s'en empare, et qui, après la désastreuse journée de Krasnoë, parcourant un pays inconnu, sauve par une retraite savante et hardie les débris et l'honneur de notre armée.

L'histoire a déjà recueilli tout ce qu'il a fait de grand, de glorieux pour la patrie.

Maréchal, prince et pair de France, heureux époux, heureux père, rien ne sembloit manquer au bonheur de sa vie et à l'illustration de son nom.

Et dans cette immense espace de vingt-cinq ans de révolutions, ou tant de partis, tant de factions contraires se disputaient l'empire du pouvoir et de l'opinion, tout entier à la patrie et à la gloire, il ne connut de la révolution que les dangers, et resta toujours étranger à ses écarts.

Nous nous permettrons une seule réflexion qui nous paraît avoir échappé aux nombreux auteurs qui ont écrit et qui écrivent encore sur le maréchal Ney.

Il s'excuse du délit qui lui est imputé, sur l'horreur que lui inspirait la seule idée d'une guere civile.

Ce sentiment, qui honore son cœur, a éclaté dans une circonstance bien importante.

On se rappelle l'occupation de Paris en 1814 par les puissances alliées.

Aucune place forte n'était encore en leur pouvoir. Les garnisons pouvaient former plusieurs armées considérables.

Bonaparte avait avec lui soixante mille hommes choisis et déterminés à tout entreprendre.

Qui aurait pensé alors que Bonaparte abdiquerait un trône qu'il pouvait disputer encore ?

Quelle fut dans cette circonstance la conduite du maréchal ?.. Il nous suffira de transcrire sa lettre au gouvernement provisoire.

Fontainebleau, 5 avril 1814, onze heures et demie du soir.

*A S. A. le prince de Bénévent, président de la commission composant le gouvernement provisoire.*

« Je me suis rendu hier à Paris avec M. le maréchal duc de Tarente et M. le duc de Vicence, comme chargé de pleins-pouvoirs pour défendre, près de Sa Majesté l'empereur Alexandre, les intérêts de la dynastie de l'empereur Napoléon.

Un évènement imprévu ayant tout à coup arrêté les négociations, qui cependant semblaient promettre les plus heureux résultats, je vis dès lors que pour éviter à notre chère patrie les maux affreux d'une guerre civile, il ne restait plus aux Français qu'à embrasser entièrement *la cause de nos anciens rois;* et c'est pénétré de ces sentimens que je me suis rendu ce soir auprès de l'empereur Napoléon, pour lui manifester *le vœu de la nation.*

L'empereur, convaincu de la position critique où il a placé la France, et de l'impossibilité où il se trouve de la sauver lui-même, a paru se résigner et consentir à l'abdication entière et sans aucune restriction. C'est demain matin que j'espère qu'il m'en remettra lui-même l'acte formel et authentique : aussitôt après, j'aurai l'honneur d'aller voir votre altesse sérénissime. »

Je suis avec respect, etc.

Le maréchal NEY.

Cet acte ne fut signé que le 11. Il ne fallait peut-être rien moins que les instances de celui qui, en Russie, avait sauvé l'armée et son imprévoyant chef du déshonneur et des fers, pour arracher au plus ambitieux des hommes l'acte d'une déchéance volontaire ; et c'était l'unique moyen de prévenir les dangers imminens d'une guerre civile dont il était impossible de calculer la durée et les résultats.

Nous ne rappellerons pas les nombreux faits d'armes du général Ney, qui l'ont élevé successivement au premier rang de la hiérarchie militaire. Tous ces faits, dont l'Europe a été le théâtre, appartiennent au domaine de l'histoire. *Vingt-cinq ans de gloire, un jour d'erreur;* voilà toute la vie politique du maréchal Ney, et tout le procès.

### FAITS.

Napoléon Bonaparte, parti de l'île d'Elbe le 25 février, débarqua au *golfe Juan* le 1er mars. Il était accompagné de sept à huit cents hommes, cavalerie en infanterie.

Le 5, des ordres du duc de Dalmatie, ministre de la guerre, parvenus au maréchal Ney, qui était alors à sa terre de Coudreaux, le 6 matin, lui enjoignaient de se rendre à l'instant dans son gouvernement de Besançon. Il partit pour Paris dans la soirée.

Arrivé à Paris, il se présenta à S. A. R. le duc de Berri, lui témoigna ses regrets de ne pouvoir faire sa cour au Roi, qu'une indisposition empêche de recevoir, en priant S. A. de vouloir bien le mettre aux pieds du Roi, et l'assurer de tout le zèle qu'il mettrait à remplir ses devoirs.

Il se rendit de là chez le ministre de la guerre pour prendre ses instructions. Le ministre lui répondit qu'il les trouverait à Besançon. Il vit néanmoins S. M. avant son départ, lui renouvela l'assurance de son zèle et de son dévouement, dit qu'il amenerait Bonaparte dans une cage de fer. Il baisa la main du Roi, et partit.

Ce fut à Besançon, et le 12 mars, qu'il apprit de M. de Maillé, premier gentilhomme de *Monsieur,* les nouvelles de la prise de Grenoble, de la défection des troupes, et du mouvement rétrograde de *Monsieur* sur Rouasne.

Il fit les jours suivans des dispositions militaires dont il rend compte.

Dans la nuit du 13 au 14, il reçut à *Lons-le-Saulnier* une lettre du général Bertrand, portant qu'il était inutile de s'opposer au dessein de Bonaparte, dont l'opération était positive et bien concertée, et qu'il le rendait responsable du sang français qui serait inutilement versé.

Cette tentative, lui disait-on, avait été concertée avec l'Autriche et l'Angleterre.

La crainte d'allumer la guerre civile en France le détermina à ne prendre contre les émissaires de Bonaparte aucune mesure de rigueur.

Le 14, il lut lui-même aux troupes, qu'il commandait, l'ordre du jour suivant :

*Le maréchal prince de la Moscowa aux troupes de son gouvernement.*

Officiers, sous-officiers et soldats,

« La cause des Bourbons est à jamais perdue ! La dynastie légitime, que la nation française a adopté, va remonter sur le trône; c'est à l'empereur Napoléon, notre souverain, qu'il appartient de régner sur notre beau pays ! Que la noblesse des Bourbons prenne le parti de s'expatrier encore, ou qu'elle consente à vivre au milieu de nous; que nous importe ! La cause sacrée de la liberté et de notre indépendance ne souffrira plus de leur funeste influence.

Ils ont voulu avilir notre gloire militaire; mais ils se sont trompés. Cette gloire est le fruit de trop nobles travaux, pour que nous puissions jamais en perdre le souvenir.

Soldats ! les temps ne sont plus où l'on gouvernait les peuples en étouffant tous leurs droits; la liberté triomphe enfin; et Napoléon, notre auguste Empereur, va l'affermir à jamais. Que désormais cette cause si belle soit la nôtre et celle de tous les Français! que tous les braves, que j'ai l'honneur de commander, se pénètrent de cette grande vérité.

Soldats ! je vous ai souvent mené à la victoire : maintenant je veux vous conduire à cette phalange immortelle, que l'empereur Napoléon conduit à Paris, et qui y sera sous peu de jours; et là notre espérance et notre bonheur seront à jamais réalisés. Vive l'Empereur ! »

Lons-le-Saulnier, 13 mars 1815.

Le maréchal d'empire,

Le Prince de la Moscowa.

( La suite au prochain cahier, qui est sous presse. )

# SUITE DU PROCÈS
# DU MARÉCHAL NEY;

## DEUXIÈME CAHIER,

Contenant la Procédure devant le Conseil de Guerre.

LE maréchal soutint que cette proclamation n'était point son ouvrage ; qu'elle lui a été envoyée par le général Bertrand, avec ordre de la faire publier. Qu'il l'a auparavant communiquée aux généraux de Bourmont et Lecourbe.

Après la bataille de Waterloo, le maréchal se rendit à Paris ; et à l'instant même de son arrivée, il fit à la chambre des pairs un rapport circonstancié de cette malheureuse journée : rapport qui excita de violentes réclamations dans l'armée française, qui se réunissait alors sous les murs de Paris, et qu'il répéta dans une lettre au duc d'Otrante, du 26 juin.

Parti de Paris le 6 juillet, il se dirigea sur Lyon, où le commissaire-général de police lui apprit que toutes les routes pour la Suisse étaient gardées par des corps de l'armée autrichienne.

Il arriva le 29 juillet à *Bessonis* ( Cantal ), dans un château appartenant à une parente de son épouse.

Il était porteur de passe-ports du ministre de la police-générale, sous le nom de Michel-Théodore Neubourg ; d'une feuille de route, sous le nom de Reisset ; major au troisième régiment de hussards ; d'un congé illimité du ministre de la guerre.

Il fut arrêté au château de *Bessonis*, le 3 août, par ordre du préfet du Cantal, et par un capitaine, un lieutenant, et quatorze gendarmes, et conduit le même jour à Aurillac, où il resta jusqu'au 15, que l'ordre de le conduire à Paris lui fut apporté par le capitaine de gendarmerie *Jomard*, et un lieutenant.

Ces deux officiers l'accompagnèrent jusqu'à Paris, où il arriva le 19, et fut enfermé à la Conciergerie.

Une ordonnance du Roi du 24 juillet élimina de la chambre des pairs plusieurs généraux, et autres, qui, ayant fait partie de la chambre établie par le Roi, avaient siégé dans celle érigée par Bonaparte.

Dans cette liste était compris le maréchal Ney.

Une autre ordonnance du même jour ordonne l'arrestation et la traduction devant les conseils de guerre, du maréchal Ney, et de plusieurs généraux et officiers, comme coupables d'attentat contre la sûreté du royaume et l'autorité du Roi. Cette ordonnance est ainsi conçue :

ORDONNANCE DU ROI, *qui prescrit l'arrestation et la traduction devant les conseils de guerre compétens, de plusieurs généraux et officiers y dénommés, et met provisoirement sous la surveillance du ministre de la police-générale divers individus aussi y dénommés.*

Au château des Tuileries, le 24 juillet 1815.

LOUIS, par la grâce de Dieu, Roi de France et de Navarre,

Voulant, par la punition d'un attentat sans exemple, mais en graduant la peine et limitant le nombre des coupables, concilier l'intérêt de nos peuples, la dignité de notre couronne et la tranquillité de l'Europe, avec ce que nous devons à la justice et à l'entière sécurité de tous les autres citoyens sans distinction.

Avons déclaré et déclarons, ordonné et ordonnons ce qui su

Art. 1er. Les généraux et officiers qui ont trahi le

Roi avant le 23 mars, ou qui ont attaqué la France et le gouvernement à main armée, et, ceux qui par violence se sont emparés du pouvoir, seront arrêtés et traduits devant les conseils de guerre compétens, dans leurs divisions respectives, savoir :

| | |
|---|---|
| Ney. | Grouchy. |
| Labédoyère. | Clausel. |
| Les deux frères Lallemant. | Laborde. |
| Drouet-d'Erlon. | Debelle. |
| Lefebvre-Desnouettes. | Bertrand. |
| Ameilh. | Drouot. |
| Brayer. | Cambrone. |
| Gilly. | Lavalette. |
| Mouton-Duvernet. | Rovigo. |

2. Les individus dont les noms suivent; savoir :

| | |
|---|---|
| Soult. | Regnauld (de St-J. d'Angely). |
| Alix. | Arrighi ( de Padoue ). |
| Excelmans. | Dejean fils. |
| Bassano. | Garreau. |
| Marbot. | Réal. |
| Félix Lepelletier. | Bouvier-Dumolard. |
| Boulay ( de la Meurthe ). | Merlin ( de Douai ). |
| Méhée. | Durbach. |
| Fressinet. | Dirat. |
| Thibeaudeau. | Defermon. |
| Carnot. | Bory Saint-Vincent. |
| Vandamme. | Félix Desportes. |
| Lamarque ( général ). | Garnier de Saintes. |
| Lobau. | Mellinet. |
| Harel. | Hullin. |
| Piré. | Cluys. |
| Barrère. | Courtin. |
| Arnault. | Forbin-Janson, fils aîné. |
| Pommereuil. | Le Lorgne-Dideville. |

sortiront dans trois jours de la ville de Paris, et se retireront dans l'intérieur de la France, dans les lieux que notre ministre de la police-générale leur indiquera, et où ils resteront sous sa surveillance, en attendant que les chambres statuent sur ceux d'entre eux qui devont ou sortir du royaume, ou être livrés à la poursuite des tribunaux.

Seront sur-le-champ arrêtés ceux, qui ne se rendraient pas au lieu, qui leur sera assigné par notre ministre de la police-générale.

3. Les individus, qui seront condamnés à sortir du royaume auront la faculté de vendre leurs biens et propriétés dans le délai d'un an, d'en disposer, d'en transporter le produit hors de France, et d'en recevoir pendant ce temps le revenu dans les pays étrangers, en fournissant néanmoins la preuve de leur obéissance à la présente ordonnance.

4. Les listes de tous les individus, auxquels les articles 1 et 2 pourraient être applicables, sont et demeureront closes par les désignations nominales contenues dans ces articles, et ne pourront jamais être étendues à d'autres, pour quelque cause et sous quelque prétexte que ce puissent être, autrement que dans les formes et suivant les lois constitutionnelles, auxquelles il n'est expressément dérogé que pour ce cas seulement.

Donné à Paris, au château des Tuileries, le 24 juillet de l'an de grâce 1815, et de notre règne le vingt-et-unième.

*Signé* LOUIS.

## INSTRUCTION PRÉLIMINAIRE.

PREMIER INTERROGATOIRE *devant M.* DE CAZE, *Préfet de Police.*

AUSSITÔT après l'arrivée du maréchal *Ney* à la Conciergerie, M. de Caze, préfet de police, se rendit auprès de lui pour l'interroger, et lui annonça l'objet de sa visite.

Le maréchal Ney s'est d'abord exprimé ainsi :

« Je ne suis pas obligé à vous répondre; je ne dois pas être jugé par une commission militaire, mais par la chambre des pairs Je vois bien par le costume que vous portez, que vous appartenez à l'autorité royale; mais rien ne me prouve que vous soyez préfet de police.

Je suis prêt à répondre à toutes ces questions, à réfuter toutes les calomnies, et *à dire des choses, qui étonneront bien des gens.*

Je veux d'abord savoir pourquoi je suis ici ? parce qu'on m'a mis sur une liste où l'on m'appelle *Ney*.

Si j'avais connu l'ordonnance du Roi, je me serais rendu à Paris.

J'ai été arrêté arbitrairement, et contre les formes établies par les lois. »

Après une courte explication, M. le préfet de police adressa au Maréchal diverses questions ; et, sur la demande qui lui est faite, s'il est vrai qu'il ait spontanément offert ses services au Roi ; qu'il lui ait fait des protestations de fidélité, et en ait reçu de l'argent.

Le Maréchal nie formellement qu'il soit venu de son propre mouvement offrir ses services. Il repousse surtout avec force l'accusation d'avoir reçu de l'argent de S. Majesté : le ministre lui a seulement délivré, sur le payeur de Besançon, un bon de 15,000 fr., à valoir sur 40,000 francs d'arrérage, qui lui étaient dus. « Je dis au Roi, ajoute-t-il, que son ministre de la guerre m'avait donné l'ordre de me rendre dans mon gouvernement, et je lui demandai ses dernières instructions. Sa Majesté me répondit que Bonaparte était débarqué, et me recommanda de prendre les mesures nécessaires pour m'opposer à ses progrès. Je crois que je lui répondis que cette démarche, de la part de Bonaparte, était insensée, et qu'il méritait, s'il était pris, d'être conduit à Paris dans une cage de fer : on a prétendu que j'avois dit que je le conduirais moi-même, si je le prenais, dans une cage de fer. Je ne me rappelle pas bien ce que j'ai dit ; je sais que j'ai prononcé ces mots : *cage de fer*. Il y avait en ce moment plusieurs personnes auprès du Roi ; entre autres, autant que je puis me le rappeler, M. le prince de Poix, le duc de Grammont, le prince de Neufchâtel et quatre à cinq autres. Je dis aussi que Bonaparte me paraissait bien coupable d'avoir rompu son ban. Je lui ai dit, au reste, tout cela à lui-même, quand je l'ai vu depuis ; et il en a ri.

« On a répandu dans le public que j'avais baisé la main du Roi : cela est faux. Je n'avais pas besoin de lui faire des protestations de fidélité, car mon intention était de le bien servir, et je l'aurais fait, si j'avais vu que cela eût été possible. »

Bientôt, rappelant des souvenirs plus fidèles, il dit : « J'ai en effet baisé la main du Roi, Sa Majesté me l'ayant présentée en me souhaitant un bon voyage. Le débarquement de Bonaparte me paraissait si extravagant, que j'en parlais avec indignation, et que je me servis en effet de cette expression de cage de fer. »

Le maréchal Ney donne quelques détails sur les dispositions, qu'il avait prises pour s'opposer à Bonaparte ; il proteste de sa fidélité et de son dévouement au Roi jusqu'à l'époque du 13 mars. A deux heures du matin, il reçut la proclamation, qu'il a signée et fait proclamer. « Je dis *la* proclamation, observe-t-il avec soin, et non *ma* proclamation ; car elle me fut envoyée toute faite par Bonaparte, et apportée par un agent particulier et un officier de la garde. Dès la veille, un autre officier de la garde, remarquable parce qu'il est manchot, était revenu après avoir vu Napoléon ; il avait été dépêché de Metz, à ce qu'il paraît, par les autres officiers de ce corps, pour demander à Bonaparte le point où ils devaient se réunir. Avant de lire la proclamation aux troupes, je la communiquai aux généraux de Bourmont et Lecourbe, et les consultai sur ce que je devais faire. De Bourmont me répondit qu'il fallait se joindre à Bonaparte ; que les Bourbons avaient fait trop de sottises, et qu'il fallait les abandonner. C'était le 14, à midi ou une heure, que je fis cette lecture sur l'esplanade de Lons-le-Saulnier ; mais la proclamation était déjà connue : des agens, venus du quartier-général de Bonaparte, l'avaient répandue dans la ville ; je crois même qu'ils avaient aussi apporté des aigles. ».

Le Maréchal persiste à soutenir, qu'il n'a ni écrit ni dépêché personne à Bonaparte avant le 15, époque à laquelle il lui envoya son aide-de-camp Devaux, le colonel Passinges, et un maréchal-de-camp, dont il ne se rappelle pas le nom. Il s'étend sur les preuves de zèle qu'il avait précédemment données pour le service du Roi. Il avait envoyé des gendarmes déguisés recueillir des renseignemens sur la marche, les forces et les dispositions de Bonaparte ; il avait rassemblé les officiers de chaque régiment, et leur avait rappelé vivement leur devoir envers S. M. ; enfin il s'était écrié, dans un mouvement d'enthousiasme royaliste : « Si je vois de l'hésitation dans la troupe, je prendrai moi-même le fusil du premier grenadier pour m'en servir, et donner l'exemple aux autres. »

Ces allégations du Maréchal ont amené la question suivante : Comment pouvez-vous donc expliquer le changement, qui s'est opéré en vous, et comment justifierez-vous votre conduite du 14 mars ? Vos devoirs n'étaient-ils pas toujours les mêmes ? Le Maréchal a répondu : Cela est vrai ; j'ai été entraîné ; j'ai eu tort : il n'y a pas le moindre doute.

*Demande.* Qui est-ce qui a pu vous entraîner, et n'est-ce pas vous-même, qui avez entraîné, par vos discours et par votre exemple, les officiers et les troupes, qui étaient sous vos ordres ?

*Réponse.* Je n'ai entraîné personne. Le colonel Duballen ( du 64ᵉ ) fut le seul qui protesta ; il vint me dire qu'ayant prêté serment de fidélité au Roi, il voulait se retirer. Je l'autorisai à le faire , et j'ai empêché depuis qu'il ne fût arrêté. Mon aide-de-camp Clouet me dit qu'il n'approuvait pas ma conduite, et me demanda de retourner à Paris : si je l'engageai de différer de quelques jours, ce ne fut que pour sa sûreté. Ce qui m'a déterminé personnellement , c'est la crainte de la guerre civile, et l'assurance que les agens de Bonaparte m'avaient donnée, que les puissances alliées étaient d'accord avec lui ; que le baron Kolher , général autrichien , était venu le trouver à l'île d'Elbe , et lui dire de leur part que les Bourbons ne pouvaient plus régner ; qu'on l'engageait à débarquer en France , sous la condition de ne jamais faire la guerre hors des limites ; que le roi de Rome et sa mère resteraient en otage à Vienne , jusqu'à ce qu'il eût donné à la France une constitution libérale : toutes choses que lui même m'a répétées ensuite quand je l'ai vu à Auxerre. Les généraux Bourmont et Lecourbe ne m'ont fait ni objection ni observation. De Bourmont a vu Bonaparte , et a été de suite employé par lui. Je fais observer que la proclamation qui m'est attribuée , et que je n'ai publiée que le 14 , était connue dès le 13 en Suisse ; qu'elle émanait de Bonaparte, qui l'avait envoyée à Joseph , à Prangin. Cette tactique était celle de Bonaparte, qui déjà , dans le commencement de la campagne de Russie, avait fait insérer dans le *Moniteur* une lettre dans laquelle il me faisait parler d'une manière fort inconvenante sur les Russes et sur les affaires politiques. Je n'en eus connaissance que parce qu'il me dit le lendemain , en plaisantant, *qu'il m'avait fait faire de l'esprit.* Je lui fis les représentations les plus fortes ; mais la chose était faite. Il en avait fait autant à l'égard du prince Eugène et de Davoust. Je me rappelle aussi qu'il m'avait fait dire , pour me persuader, que les Anglais le protégeaient; que , huit jours avant son départ de l'île d'Elbe , il

avait dîné sur un vaisseau de guerre de cette nation ; que le colonel ou général Campbell , qui était commissaire anglais dans cette île , en était parti le lendemain , et que par suite il avait pu faire ses préparatifs et s'embarquer.

*D.* Les troupes avaient - elles manifesté , avant votre proclamation, de mauvaises dispositions contre le Roi?

*R.* Il y avait une rumeur sourde ; mais les mauvaises dispositions des troupes étaient connues. J'avais cru pouvoir les changer en faisant arrêter, le 13 au matin , un officier que le général Bourmont doit connaître, et qui avait manifesté l'intention de passer à Bonaparte. Je donnai ordre au général Bourmont de l'envoyer à la citadelle de Besançon.

Depuis l'arrivée de Bonaparte, je l'ai très-peu vu. Depuis cette malheureuse proclamation du 14 , je ne vivais plus ; je ne désirais que la mort , et j'ai tout fait pour la trouver à Waterloo. Lorsque je suis venu de ma terre pour le Champ-de-Mai , Bonaparte me dit : *Je vous croyais émigré ? — J'aurais dû le faire plus tôt,* lui répondis-je ; *maintenant il est trop tard.*

Je dois dire aussi que j'avais des désagrémens intérieurs. Ma femme croyait bien que je marchais contre Bonaparte, et cela l'affligeait. J'ai été fort maltraité par lui, et ma femme aussi : j'étais regardé chez lui comme *la bête noire.* Il ne voulait pas voir ma femme ; je lui en demandai la raison ; il lui reprocha d'avoir tenu des propos. J'ai eu bien des fois envie de me brûler la cervelle ; je ne l'ai pas fait, parce que je désirais me justifier. Je sais que les honnêtes gens me blâmeront ; je me blâme moi-même : j'ai eu tort, je me le reproche ; mais je ne suis pas un traître : j'ai été entraîné et trompé.

*D.* Le jour de votre arrivée à Paris , le maréchal Soult, ministre de la guerre , ne vous engagea t-il pas à ne point voir le Roi?

*R.* Lorsque j'arrivai auprès du ministre, il me dit : « Bonaparte est débarqué. » Je lui répondis : « Je viens de l'apprendre ; c'est une folie : que faut-il que je fasse? » — Il répartit que je devais aller à Besançon, qu'il m'y avait envoyé mes instructions. — Mais que ferai-je, quand je serai arrivé ? Faudra-il réunir les troupes? Sur quel point les dirigerai-je ? Vous le saurez, me répondit-il brusquement, en lisant vos instructions. Je lui parlai de mon désir de voir le-

Roi. « N'y allez pas, me dit-il sur le même ton :
S. M. est souffrante ; elle ne reçoit pas. » Je le
quittai, en lui disant : Vous ne m'empêcherez pas
de voir le Roi. »

*D*. Vous expliquez-vous quel était le motif du
général Soult en vous détournant de voir S. M ?

*R*. Non ; je ne peux le deviner. Je l'ai poussé à
bout de toute manière pour le savoir, et pour connaître aussi la quantité de troupes que j'avais dans
dans mon gouvernement : je n'en pus rien obtenir.
Le fait est, que si j'avais suivi ses instructions, je
n'aurais fait faire aucun mouvement à ces troupes ; je
serais resté seul à Besançon. Comment se fait-il que
l'aide-de-camp de Soult soit venu disséminer ces troupes au lieu de les réunir ? Si j'avais voulu trahir,
j'aurais donné de faux avis à Suchet et à Oudinot,
et je ne les aurais pas pressés de marcher en avant.
Suchet m'écrivait que ses troupes étaient déjà en fermentation ; Gérard, qui se défiait de Suchet, avait
envie de reprendre le commandement. Le général
Bertrand avait envoyé partout des lettres et des proclamations. Bonaparte, ne voyant pas arriver de
Bourmont, Lecourbe, Lagenetière, Dubalen, et quelques autres officiers, ordonna de les faire arrêter,
et de faire afficher leurs noms dans les villes, mais
il révoqua son ordre à mon arrivée à Paris ; et il
envoya le général Mermet pour prendre le commandement de Besançon.

Second interrogatoire *devant M.* de Caze,
*Préfet de Police.*

*Demande.* Affirmez-vous que jusqu'au moment de
votre arrivée à Lons-le-Saulnier vous n'avez pas eu
la pensée et n'avez pas formé le complot de déserter
la cause du Roi ?

*Réponse.* Non bien certainement, je n'avais aucune
connaissance de ce que le comte d'Erlon, Lefebvre-
Desnouettes et les autres ont pu faire. On peut demander à Colbert et Ségur, à Lefevre-Desnouettes
lui-même, ce que je lui ai dit avant de partir de
Paris, et si je ne les ai pas engagés à rester fidèles au
Roi.

*D*. Si vous n'aviez pas formé, avant votre arrivée
à Lons-le-Saulnier, le projet de joindre Bonaparte
avec vos troupes, et de reconnaître ses ordres, comment avez-vous pu vous déterminer si promptement
à changer de conduite et de sentiment ?

*R*. On peut dire que c'est *une digue renversée...*
Je conviens que cela est difficile à expliquer.....
C'est l'effet de toutes les assertions des agens de Bonaparte. Le préfet de Bourg m'avait manifesté une
grande terreur ; tout paraissait perdu....... Mais
je n'ai changé cependant qu'au moment où j'ai lu la
proclamation aux troupes. Je n'avais reçu aucune
dépêche, ni aucun émissaire de Bonaparte avant la
nuit du 13 au 14 mars : je n'étais en relation avec
qui que ce fût ; je n'ai rien su de ce qui s'était passé
auparavant. J'ai eu tort sans doute de lire la proclamation ; mais j'ai été entraîné par les évènemens. La
preuve que, le 13 même, j'étais encore fidèle au
Roi, résulte des lettres que j'ai écrites ce jour-là aux
maréchaux Suchet et Oudinot. Celle qui s'adressait
à ce dernier a été écrite le soir, et elle doit en faire
mention. Je crois bien que d'autres généraux ont reçu
des lettres de Bertrand, mais qu'ils n'ont pas osé
les montrer.

*D*. N'en avez-vous pas reçu vous-même, ou ne
vous a-t-on pas communiqué celles reçues par les
généraux ? ne vous en a-t-on pas dit du moins le
contenu ?

*R*. Non. On ne m'a communiqué aucune lettre.
J'ai reçu des lettres de Bertrand dans la nuit du 13
au 14 avec des proclamations. Je crois que d'autres
en ont reçu aussi, mais je ne les ai pas vues. De
Bourmont en a reçu lui-même une, par laquelle on
lui ordonnait de se porter sur Mâcon. Je crois qu'elles
étaient écrites de Tournus, sous la date du 13 ou du 14.

*D*. Que contenait la lettre que vous avez reçue de
Bertrand ?

*R*. L'envoi pur et simple de la proclamation, l'invitation de la répandre et de diriger mes troupes
sur Dijon.

*D*. N'avez-vous pas reçu aussi, avant le 13, une
lettre de Bonaparte ?

*R*. Je n'ai reçu de lettre de lui que dans la nuit du
13 au 14. Elle doit être dans mes papiers. Il m'y
donnait l'ordre de marcher sur Mâcon ou Dijon, et de
faire suivre beaucoup d'artillerie. Il m'y disait : « Ainsi
vous devez avoir cent pièces de canon. Si vous en
manquez, j'en ai trouvé cinq cents à Grenoble. » *Il ne
me parlait aucunement du Roi, il me donnait des.*

*ordres* comme *il aurait fait un an auparavant, et comme si notre position respective n'avait jamais changé.* Ses agens m'avaient dit qu'il aurait pu faire arrêter à Paris, s'il l'avait voulu, le Roi et la Famille Royale, d'après ce que lui demandaient ses partisans ; lui-même me l'a répété à notre première entrevue. Il m'a même chargé, à Dijon, d'écrire à Maret qu'il était inutile de rien faire à Paris, que son succès était inévitable ; et j'ai envoyé à cet effet, à Maret, duc dè Bassano, un de ses parens, habitant de Dijon, qui était dans la garde nationale, autant que je puis me le rappeler, et inspecteur des Droits-Réunis ou de l'Enregistrement ; c'est la seule lettre, que j'aie écrite à Maret, et c'est *par ordre.*

*D.* N'en avez-vous pas reçu vous-même une de cet ancien ministre ?

*R.* Non. Je n'écrivis à Maret que *sur l'ordre* que m'en a donné l'*Empereur,* dans une lettre qu'il m'adressa lui-même à Dijon. Il était déjà en avant, et même, je crois, à Fontainebleau.

*D.* Comment se fait-il qu'étant beaucoup plus près de Paris que vous, il vous ait chargé d'écrire à Maret ? Votre lettre n'a dû arriver qu'après lui ?

*R.* Je présume qu'il lui a écrit de son côté ; il ne m'en chargeait que pour plus de sûreté. Ma lettre a dû arriver avant lui : il n'avait qu'une marche devant moi.

*D.* Savez-vous où il a reçu les premières dépêches, qui lui sont parvenues de Paris ?

*R.* Non.

*D.* Savary n'était-il pas déjà auprès de lui lorsque vous l'avez rejoint ?

*R.* Non : d'après ce que j'ai oui dire, Savary était resté aux environs de Paris, et courait dans les campagnes. Je crois qu'il n'a rejoint Bonaparte qu'à Paris.

*D.* Bonaparte ne vous a-t-il pas fait part des complots, qui avaient préparé et facilité son retour ?

*R.* Il m'a parlé de son entrevue avec le général Kohler, et de son dîner à bord d'un vaisseau anglais. Nous étions une quinzaine à table. Il annonça que son affaire était une affaire de longue combinaison. Cambrone, Labédoyère, Bertrand, Drouot, Brayer, un colonel d'artillerie, qui commandait celle de la garde ; Alix, je crois, et un colonel polonais, étaient de ce dîner. Il nous parla avec détail de ce qui s'était passé pendant son absence, et s'entretint des plus grandes choses comme des plus petites. Il savait, par exemple, ce qui s'était passé au dîner du Roi à l'Hôtel-de-Ville, me faisant remarquer que les maréchaux n'y avaient pas eu de place ; il me dit même que ma femme n'y avait pas été invitée ; ce qui est inexact : il est vrai seulement qu'elle n'y était pas allée, parce que l'invitation du Roi lui était parvenue à la campagne. Il me demanda des nouvelles de plusieurs personnes : je crois que ce fut lui, qui me fit connaître la disgrâce de Soult, et la remise de son épée au Roi. Il était extrêmement bien informé de tout ce qui se passait et de tout ce qui s'était passé à Paris ; il cita plusieurs femmes de maréchaux comme n'ayant pas été invitées au dîner de l'Hôtel-de-Ville.

Il parla de la cérémonie funèbre du 21 janvier. Il me demanda ce que faisait Soult, et pourquoi ce ministre avait coupé les divisions militaires en deux, en envoyant deux lieutenans-généraux pour chaque division, de manière que chacun d'eux correspondait directement avec le ministre. Cette disposition parut singulière à beaucoup de monde. Soult avait placé des généraux à lui dans ces divisions ; ils correspondaient directement avec le ministre, qui, de cette manière, avaient des gens qui étaient à lui, et d'autres qui étaient au Roi. Aussi, en arrivant à Besançon, je trouvai le général Mermet qui partageait, à mon insçu, depuis vingt jours, le commandement de la division avec Bourmont. Mermet était placé à Lons-le-Saulnier, Bourmont à Besançon.

*D.* Bonaparte ne vous rappelait-il pas, dans sa lettre du 13, vos anciennes liaisons, et ne vous tutoyait-il pas ?

*R.* Non : jamais je n'ai été tutoyé par lui. Il me parlait seulement de mes campagnes ; il me disait qu'il se rappelait toujours avec plaisir mes actions : je crois qu'il m'y appelait *le brave des braves,* ainsi qu'il le faisait quelquefois.

*D.* D'après ce que vous m'avez déclaré dans votre premier interrogatoire, il paraîtrait que vous avez conservé, jusqu'au 13 au soir, l'espérance de faire marcher vos troupes contre Bonaparte, et que vous n'avez eu à punir aucune rébellion de leur part ?

*R.* Je n'ai eu à punir qu'un officier, ainsi que je vous l'ai raconté. Le bouleversement n'a eu lieu que le 14 au matin. Auparavant, il n'y avait que de la fermentation. Le préfet vint me déclarer, après la publication de la proclamation, qu'ayant prêté serment au Roi, il voulait rester fidèle, et qu'il se retirait. Je l'autorisai à se retirer à la campagne. On peut lui demander si je cherchai à le détourner de cette résolution. Il fut le seul, avec le colonel Duballen, qui me fit des observations et me montra de l'opposition.

Le Maréchal termine en disant : Je voudrais que vous puissiez annuller ce que j'ai dit dans mon dernier interrogatoire à l'égard de Gérard, de Bourmont et d'autres généraux.

Je ne veux dénoncer personne, je ne désire que prouver au Roi, que je n'ai pas eu l'intention de le trahir : lorsque. je l'ai quitté, je suis parti avec l'intention de sacrifier ma vie pour lui. Ce que j'ai fait est un grand malheur, j'ai perdu la tête; je n'ai jamais formé le complot de trahir le Roi. J'aurais pu passer aux États-Unis; je ne suis resté que pour sauver l'honneur de mes enfans. J'avais annoncé en partant de Paris, que j'étais prêt à me mettre à la disposition du Roi. Je ne tiens pas à la vie, je ne tiens qu'à l'honneur de mes enfans.

## PROCÉDURE

### DEVANT LE CONSEIL DE GUERRE.

En exécution de l'ordonnance du Roi, du 24 juillet, un conseil de guerre a été formé pour juger le maréchal Ney. Il était composé de MM. les maréchaux JOURDAN, président; MASSÉNA, prince d'Esling ; AUGEREAU, duc de Castiglione ; MORTIER, duc de Trévise.

MM. les lieutenans généraux des armées du Roi, CAZAN, VILLATTE, CLAPARÈDE.

M. le maréchal-de-camp GRUNDLER, rapporteur.

M. l'ordonnateur JOINVILLE, procureur du Roi.

M. le maréchal-de-camp Grundler dit qu'au moment où il allait commencer à interroger le maréchal *Ney*, celui-ci lui remit la protestation suivante :

« Je déclare par les présentes décliner la compétence de tout conseil de guerre, pour être jugé en conformité de l'ordonnance du Roi, du 24 juillet dernier. Cependant par déférence pour MM. les maréchaux de France et lieutenans-généraux qui composent le conseil de guerre, je suis prêt à répondre aux questions qu'il plaira à M. le maréchal-de-camp comte Grundler ( remplissant les fonctions de rapporteur ), de m'adresser. »

A la Conciergerie, le 14 septembre 1815.

Le maréchal-prince DE LA MOSCOWA.

M. le maréchal-de-camp Grundler a procédé de suite à l'interrogatoire, et a adressé au maréchal *Ney* les questions suivantes.

*Demande.* Savez-vous pourquoi vous avez été arrêté ?

*Réponse.* Je n'ai eu connaissance de mon arrestation qu'à Aurillac, département du Cantal, où l'on m'a donné connaissance de l'ordonnance du Roi du 24 juillet dernier.

*D.* Où avez-vous été arrêté, et par quel ordre ?

*R.* J'ai été arrêté dans le château de Bessonis, département du Lot, par ordre de M. Locard, préfet du Cantal, le 3 août dernier, par un capitaine, un lieutenant et quatorze gendarmes, qui m'ont de suite conduit à Aurillac.

*D.* Pourquoi, à l'époque du 3 août, vous trouviez-vous dans le département du Lot ?

*R.* J'ai quitté Paris le 6 juillet, à l'entrée des alliés dans la capitale. Mon intention était de me rendre en Suisse : j'avais des passe-ports du ministre de la police générale et un congé illimité du ministre de la guerre, qui m'autorisait à me rendre dans ce pays pour y rétablir ma santé. J'avais appris en route que Lucien Bonaparte, qui avait passé par Lyon, avait dîné chez le général en chef de l'armée autrichienne, comte de Bubna, et probablement, sur le rapport qu'il a fait du passage de ce personnage, il avait été arrêté à Turin. Le commissaire-général de police de Lyon étant venu me rendre visite, me prévint que toutes les routes, qui conduisaient en Suisse étaient gardées par les Autrichiens; qu'il était à craindre que je ne fusse arrêté par eux, et me conseilla ou de leur demander des passe-ports, ou d'aller aux eaux minérales de Saint-Alban, près Rouanne, en attendant des nouvelles de Paris ; à quoi je répondis que s'il n'y avait pas sûreté pour moi d'aller en Suisse, je préférais rétrograder sur Paris. Le passe-port, dont j'étais porteur, fut visé par ce commissaire-général de police, pour retourner à Paris. Cependant, je me décidai à me rendre provisoirement à Saint-Alban, ayant appris que Moulins et d'autres villes voisines étaient occupées par les Autrichiens. C'est là, à Saint-Alban, qu'une personne de confiance, qui me fut envoyée par madame la maréchale Ney, m'engagea à la suivre dans le château de Bessonis, appartenant à une parente de madame la maréchale, et où j'arrivai le 29 juillet. J'y restai jusqu'au 3 août, époque de mon arrestation. Conduit, comme je l'ai dit plus haut, à Aurillac, le jour même, j'y restai jusqu'au 15 du même mois, que l'ordre de me conduire à Paris fut apporté par le capitaine de gendarmerie Jomard, accompagné d'un lieutenant, qui m'accompagnèrent jusqu'à la Conciergerie, où j'arrivai le 19 au matin.

*D.* Avez-vous écrit à Napoléon Bonaparte pendant qu'il était dans l'île d'Elbe, ou à quelques-unes des personnes, qui l'y avaient accompagné ?

*R.* Jamais.

*D.* Avez-vous, à la même époque, reçu des lettres de Napoléon ou des personnes qui étaient près de lui ?

*R.* Non.

*D.* Avant le retour de Napoléon en France, aviez-vous reçu quelques avis de son projet d'y revenir ?

*R.* Non; je n'ai jamais rien su de ses projets.

*D.* Où étiez-vous lorsque Bonaparte effectua son invasion dans le département du Var ?

*R.* J'étais à ma terre des Coudreaux, près Château-dun, département d'Eure-et-Loir.

*D.* Comment avez-vous appris cette invasion ?

*R.* Je ne l'ai apprise, qu'à mon arrivée à Paris, le 7 mars, par mon notaire, M<sup>e</sup> Batardy.

*D.* Pourquoi, à cette époque, avez-vous quitté votre terre des Coudreaux ?

*R.* En vertu des ordres de M. le duc de Dalmatie, ministre de la guerre, qui me furent apportés par son aide-de-camp, datés du 5, et qui me furent remis le 6 dans l'après-midi. Ils m'annonçaient qu'en vertu des ordres du Roi, je devais me rendre de suite dans mon gouvernement de Besançon, où je recevrais de nouveaux ordres. Immédiatement après l'arrivée de l'aide-de-camp du duc de Dalmatie, je donnai des ordres pour mon départ, et me mis en route dans la soirée pour Paris, où je devais passer, ayant besoin de prendre des uniformes, et où j'espérais connaître le motif de ces dispositions, l'aide-de-camp du ministre n'ayant pu me donner aucun détail à ce sujet. Arrivé à peine, je me rendis chez S. A. R. Mgr. le duc de Berri, qui me confirma la nouvelle que m'avait déjà donnée mon notaire, et me demanda si je connoissais le colonel Labédoyère : je lui répondis qu'il avait été aide-de-camp du prince Eugène. Ne croyant pas pouvoir faire ma cour au Roi avant mon départ, parce qu'on m'avait annoncé que S. M. était souffrante, je priai S. A. R. de vouloir bien me mettre aux pieds du Roi, et de l'assurer de tout le zèle que je mettrais à remplir mes devoirs. S. A. R. voulut bien me le promettre. En sortant des Tuileries, je me rendis chez le ministre de la guerre, à qui je demandai s'il pouvait, préalablement aux instructions, qu'il m'annonçait que je trouverais à Besançon, me faire connaître l'ensemble des opérations et des dispositions prises pour déjouer les projets de Bonaparte. Il refusa de s'expliquer, en disant, que je recevrais mes instructions dans mon gouvernement; que M. le général de Bourmont, commandant la sixième division militaire, avait déjà des ordres, qu'il me remettrait à mon arrivée à Besançon.

( Ici le maréchal s'excuse de répondre sur le contenu des ordres, qu'il reçut à son arrivée à Besançon et sur le nombre de troupes, qu'il mit en mouvement. Il a besoin, dit il, pour donner à ce sujet des explications satisfaisantes, de revoir ses papiers. Il renvoie, au surplus, aux copies, qui doivent exister au ministère de la guerre. )

*D.* A quel endroit et quel jour avez-vous rejoint vos troupes ?

*R.* A Lous le-Saulnier, le 12 mars; c'était le point de rassemblement, que j'avais donné par suite des nouvelles, qui me furent apportées le 10, à Besançon, par M. de Maillé, premier gentilhomme de la chambre de *Monsieur*, qui avait accompagné ce prince à Lyon, et duquel j'appris les dernières nouvelles de la prise de Grenoble par Bonaparte, de la défection des troupes et du mouvement rétrograde de *Monsieur* sur Rouanne. Je me déterminai à rejoindre les troupes mises en marche sur Lyon par le général de Bourmont. Je chargeai M. le duc de Maillé, qui devait retourner auprès du comte d'Artois, d'engager ce prince à me donner un rendez-vous, et de faire en sorte de nous rejoindre entre Auxonne et Besançon. Les troupes furent échelonnées depuis Bourg, Saint-Amour, Lons-le-Saulnier et Poligny, à l'exception du sixième régiment d'hussards, qui de Dôle fut envoyé à Auxonne.

*D.* Quand V. Exc. rejoignit ces troupes, quels rapports reçut-elle sur les dispositions, où elles étaient pour servir la cause du Roi?

*R.* On m'assura que les troupes étaient fort mal disposées, et pour chercher à les maintenir dans le devoir, j'assemblai les corps d'officiers au fur et à mesure, que je rencontrai les régimens sur la route, afin de les rappeler à leur devoir et à la fidélité qu'ils devaient au Roi. Les généraux Bourmont et Lecourbe étaient présens, et peuvent rendre témoignage de ce que j'ai dit et fait pour raffermir les corps d'officiers dans le sentiment de leur devoir.

Pour répondre à diverses interpellations, qui lui sont faites par M. le général rapporteur, M. le maréchal répète tous les détails, qu'on a déjà vus dans ses réponses à M. le préfet, tant au sujet des agens de Bonaparte, qui vinrent le trouver à Lons-le-Saulnier, la nuit du 13 au 14 mai, que sur le contenu de la lettre qu'ils lui apportèrent de la part de Bertrand. Il ajoute seulement : Bertrand me disait dans sa lettre, qu'il était inutile de s'opposer au dessein de Bonaparte, que son opération était positive et bien concertée, et qu'il me rendait responsable du sang français, qui serait versé inutilement dans cette circonstance. La crainte d'allumer la guerre civile en France, et l'impossibilité de m'opposer avec succès à une tentative, que l'on me disait arrêtée avec l'Autriche et l'Angleterre, me déterminèrent à ne prendre contre les émissaires de Bonaparte aucune mesure de rigueur.

M. le maréchal Ney a subi, devant M. le général comte Grundler, plusieurs autres interrogatoires, dont nous allons extraire les passages les plus importans.

*D.* Vous avez déclaré que vous n'aviez vu les agens de Bonaparte, pour la première fois, que dans la nuit du 13 au 14 mars. Pourquoi donc votre proclamation est-elle datée du 13?

*R.* C'est à tort qu'elle porte cette date. Elle est réellement du 14. Je l'ai lue moi-même à une fraction des troupes, le reste l'a connue par l'ordre du jour. Le maréchal convient, qu'il a eu connaissance, mais seulement par les journaux, et non officiellement, de l'ordonnance du Roi, qui déclarait Bonaparte traître et rebelle, et qui ordonnait à tous les citoyens de lui courir sus.

Une grande partie des troupes, dit-il, avait déjà abandonné la cause du Roi, avant qu'il eût publié la proclamation : deux bataillons du 76° s'étaient même permis de garder prisonnier, à Bourg, leur général, le maréchal de camp Gauthier ; et comme les mauvaises dispositions des troupes ne peuvent le justifier de s'être réuni à Bonaparte, il rejette ce que sa conduite offre de criminel sur la force des circonstances et la crainte de la guerre civile.

Les agens de Bonaparte avaient déjà réussi à influencer la *totalité* des troupes. Déjà, depuis le 10 et le 11 une grande partie des soldats avait commencé à déserter. Un grand nombre d'agens obscurs et inconnus s'était mêlé parmi eux. J'ai su depuis que deux aigles leur avaient été apportées. L'exaltation était à son comble ; un silence sinistre annonçait que les troupes étaient prêtes à lever l'étendard de la révolte. Les soldats menaçaient de me tuer, ainsi que cela me fut rapporté par le général de Bourmont et par plusieurs autres officiers. J'étais moi-même troublé de la position affreuse, où je prévoyais que la France allait se trouver, et j'ai plutôt suivi l'entraînement général que je n'ai donné l'exemple.

Le matin du jour où je lus la proclamation aux troupes, je fis appeler chez moi les généraux Lecourbe et Bourmont ; je leur en donnai communication. Je sommai ce dernier, *au nom de l'honneur*, de me dire ce qu'il pensait. Ils en approuvèrent le contenu, et m'accompagnèrent sur le terrain, où le général Bourmont avait fait assembler les troupes.

*D.* Lorsque vous eûtes pris le parti de rejoindre Bonaparte, écrivîtes-vous aux maréchaux Suchet et Oudinot pour les prévenir de votre détermination?

*R.* Non. Je crois me rappeler que je leur écrivis quelques jours après pour leur transmettre les ordres, qui m'avaient été adressés par le général Bertrand?

*D.* Où avez-vous rejoint Bonaparte?

*R.* A Auxerre, direction, qu'il m'avait fait indiquer pour la marche des troupes.

*D.* Avez-vous reçu, du 13 au 14 mars, des ordres des ministres du Roi?

*R.* J'ai reçu une lettre du ministre de la guerre, à Besançon ou en route, qui me faisait connaître les mouvemens ordonnés par lui aux maréchaux Suchet et Oudinot ; mais je ne mé rappelle pas précisément la date.

*D.* N'avez-vous pas donné l'ordre de faire arrêter plusieurs officiers généraux et supérieurs employés dans votre département, entre autres les généraux comte de Bourmont, Lecourbe, Delort, Jarry, M. le comte de Scey, préfet du département du Doubs, et M. le maire de Dôle ?

*R.* Oui, d'après l'ordre, que j'en ai reçu de Bonaparte : c'était *une mesure provisoire que l'on croyait utile*, mais qui ne les a pas atteints, la plupart de ceux que vous me désignez étant arrivés à Paris presqu'en même temps que Bonaparte. J'ai su depuis qu'ils n'avaient pas été inquiétés, et que l'ordre avait été envoyé au général Mermet, commandant à Besançon, de mettre en liberté ceux qui avaient été arrêtés, excepté le préfet de Besançon, qu'on fit sortir de la ville.

*D.* Connaissez-vous M. Cayrol, commissaire-ordonnateur ?

*R.* Oui.

*D.* Pourquoi l'avez-vous fait arrêter à Lons-le-Saulnier ?

*R.* Je ne me rappelle pas avoir donné cet ordre-là. Je crois me souvenir que lui ayant reproché de n'avoir pas pris toutes les mesures nécessaires pour assurer la subsistance des troupes, je lui ordonnai de se rendre à Besançon pour y pourvoir.

*D.* En arrivant à Besançon, donnâtes-vous l'ordre de désarmer la place ?

*R.* Non.

*D.* Savez-vous si le directeur d'artillerie fit retirer des canons de dessus les remparts, et par quel ordre ?

*R.* Je n'en ai rien su. On peut en demander compte au général de Bourmont, pour savoir s'il y avait des ordres ministériels à cet égard.

*D.* Vous rappelez-vous avoir fait demander, par votre chef d'état-major, une somme de 15,000 francs à M. le préfet de Besançon ?

*R.* Non.

*D.* Dé qui le général Gauthier reçut-il l'ordre de rétrograder sur Bourg avec le 76e ?

*R.* Je suppose que c'est du général de Bourmont ?

*D.* Par qui V. Exc. apprit-elle la révolte du 76e, et son départ pour rejoindre Bonaparte ?

*R.* Par le préfet de l'Ain et deux autres personnes, qui arrivaient de Lyon.

*D.* Quelles étaient les forces sous vos ordres à Lons-le-Saulnier, tant infanterie que cavalerie et artillerie ?

*R.* Il y avait à Lons-le-Saulnier les 60e et 77e de ligne, 8e de chasseurs et 5e de dragons ; l'artillerie n'était point encore arrivée.

*D.* D'où V. Exc. attendait-elle son artillerie ?

*R.* De Besançon. Le général Mongenet avait l'ordre de la diriger sur Lons-le-Saulnier. Je crois qu'il y arriva une batterie le 15, mais je ne puis pas l'affirmer, parce que j'étais déjà parti de cette ville.

*D.* V. Exc. a écrit le 13, de Lons-le-Saulnier, une lettre au ministre de la guerre, dans laquelle elle lui fait connaître la composition des deux divisions sous ses ordres. Ces troupes étaient donc à Lons-le-Saulnier ou dans les environs ?

*R.* Je vous ai déjà répondu que deux régimens étaient à Lons-le-Saulnier. Le reste était cantonné aux environs, à l'exception du 3e de hussards, dont une grande partie était déjà passée à Bonaparte, du 6e de hussards, que j'avais dirigé sur Auxonne, et du 76e qui était à Bourg. Quant à l'artillerie, elle n'était point encore arrivée en totalité, et les divisions, dont j'ai fait connaître la composition au ministre, n'auraient pu être réunies que le 15.

*D.* De quoi se composaient vos approvisionnemens de guerre, le 13, à Lons-le-Saulnier ?

*R.* Je ne puis répondre positivement à cette question. Je sais seulement que quelques-uns des régimens d'infanterie devaient avoir cinquante cartouches par hommes : d'autres régimens n'en avaient pas du tout. On avait mis une telle précipitation à faire partir les troupes, que le général de Bourmont avait oublié de faire donner des cartouches à quelques-uns des régimens. A mon arrivée à Besançon, il n'y avait pas encore *un seul* cheval de *réuni* pour le service de l'artillerie de mon corps d'armée, ce qui m'obligea de faire partir de Lons-le-Saulnier, pour Besançon, un officier d'état-major du ministre de la guerre, qui arrivait de Lyon avec M. le marquis de Sorau, pour demander au directeur d'artillerie de m'envoyer des cartouches en poste.

*D.* Avez-vous fait à M. Pessinges de Préchamp,

votre chef d'état-major, quelques confidences sur votre projet de vous réunir à Bonaparte?

*R.* Non.

*D.* Pourriez-vous nous représenter et la lettre que vous reçûtes du général Bertrand, de la part de Napoléon, dans la nuit du 13 mars, et l'original de la proclamation, que vous avez lue aux troupes, et qui, dites-vous, était jointe à la lettre du général Bertrand?

*R.* Ces deux pièces doivent se trouver dans mes papiers.

*D.* Vous rappelez-vous avoir dit sur la place de Lons-le-Saulnier, aux personnes qui vous entouraient, après la lecture de la proclamation, que le retour de Bonaparte en France était arrangé depuis plus de trois mois?

*R.* Non, je ne me rappelle pas cela.

*D.* N'avez-vous pas dit à l'ordonnateur Cayrol: « Il y a trois mois que je savais cela de l'île d'Elbe? »

*R.* Non.

On a présenté à M. le maréchal Ney un grand nombre de pièces, qu'il a reconnues et signées comme étant celles, qui ont été saisies dans son porte-feuille, le 3 août, jour de son arrestation. La plupart sont relatives à ses affaires particulières. Il y a parmi ces pièces un congé illimité délivré par le prince d'Eckmühl, des passe-ports délivrés par le ministre Fouché; l'un des deux porte les faux noms de Michel-Théodore Neubourg : son objet était de faciliter l'*incognito* que le maréchal voulait garder en voyageant. On y trouve encore une feuille de route sous le faux nom de Raiset, major au 3ᵉ régiment de hussards. Quand M. le rapporteur lui a demandé s'il reconnaissait la proclamation insérée dans le *Moniteur* du 21 mars dernier, pour être celle, qu'il a lue aux troupes à Lons-le-Saulnier, il a répondu : Cette proclamation est évidemment fausse, puisqu'elle ne porte ni la vraie date, ni ma signature ; je n'ai jamais été dans l'usage de signer, *le prince de la Moskowa.* Cette qualité précédait mon nom, et tous les actes, que j'ai faits dans ma vie politique et militaire sont signés *Ney.*

*D.* Avez-vous donné à Dôle l'ordre de faire imprimer et afficher une proclamation?

*R.* Je ne me le rappelle pas.

*D.* Avez-vous dit, le 15 mars, au maire de Dôle, en présence du sous-préfet, que depuis trois mois MM. les maréchaux de France avaient formé le projet de renverser le gouvernement des Bourbons, et que depuis un mois ce projet avait été définitivement arrêté?

*R.* C'est une fausseté : je ne connaissais pas le maire de Dôle. Je crois me rappeler l'avoir vu à mon passage par cette ville ; mais je ne lui ai fait aucune espèce de confidence ni de déclaration dans le genre de celles qui sont rapportées dans sa déposition.

*D.* Avez-vous fait faire la recherche des deux pièces, dont je vous ai invité à nous représenter l'original, savoir : la lettre de Bertrand, et la proclamation que vous assurez y avoir été jointe?

*R.* J'en ai fait faire la demande à madame la maréchale; elle m'a répondu qu'à l'époque où elle apprit mon arrestation, et l'exécution du colonel Labédoyère, un premier mouvement d'inquiétude la détermina à donner l'ordre à son régisseur des Coudreaux de brûler tous les papiers, qui se trouvaient dans mon château, et au nombre desquels se trouvaient les deux pièces, que vous me demandez. Cet ordre a été exécuté.

On cite au maréchal les noms de MM. Volter, Curel et Faultrier, de Metz ; Beausire, Bousquet, de Bellenet, Saint-Geron et Caze ; et on lui demande s'il connaît ces particuliers. Il déclare qu'il n'en connaît aucun.

On lui donne ensuite lecture des différentes pièces, qui rapportent ce qu'il a dit à diverses époques à Lille, à Metz, et dans d'autres villes, contre les Bourbons, et pour préconiser le gouvernement de Bonaparte. Voici les explications dans lesquelles il entre à ce sujet :

Je suis parti de Paris le 23 mars, par ordre de Bonaparte, pour me rendre à Lille. Je reçus dans cette ville une lettre très-longue de lui, le 25 ou le 26, dans laquelle il me prescrivait de parcourir toute la frontière du nord et de l'est de la France, depuis Lille jusqu'à Landau ; de passer la revue des troupes ; de visiter les places pour m'assurer de l'état des fortifications et de la situation de leurs approvisionnemens de guerre et de bouche, ainsi que les hôpitaux militaires.

Dans cette mission, où je déployai le caractère de commissaire extraordinaire, j'étais également chargé de donner des renseignemens sur les fonctionnaires civils et militaires, de les suspendre provisoirement quand je le croirais convenable, et de proposer leur remplacement. On sait que je n'ai usé qu'avec une extrême réserve de ce pouvoir, et que personne n'a été déplacé par moi. Lorsque j'arrivais dans les villes, les autorités civiles et militaires venaient me rendre visite. Je m'informais à elles de l'état des choses : je leur faisais part des ordres, que j'avais reçus et des pouvoirs, qui m'étais confiés. Il était tout simple que je leur parlasse dans le sens du gouvernement d'alors ; mais je nie formellement avoir tenu aucun discours ou propos insultans pour le Roi ou les princes de sa famille ; mes instructions portaient l'ordre exprès d'annoncer partout que l'empereur ne voulait et ne pouvait plus faire la guerre hors des frontières de France, d'après les arrangemens faits et conclus à l'île d'Elbe, entre lui, l'Angleterre et l'Autriche ; que l'impératrice Marie-Louise et le roi de Rome devaient rester à Vienne en otages, jusqu'à ce qu'il eût donné à la France une constitution libérale et exécuté toutes les conditions du traité, après quoi elle viendrait le joindre avec son fils à Paris.

J'avais en outre l'ordre, dans le cas où le Roi ou quelques princes de la famille royale tomberaient en mon pouvoir, de ne rien faire pour les retenir, mais de les laisser aller où ils jugeraient convenable, et de protéger même leur sortie du territoire français. Je devais rendre compte tous les jours directement à Bonaparte lui-même.

*D.* Avez-vous dit, le 14 mars, à M. de Vaulchier, préfet du Jura, que le retour de Bonaparte était depuis long-temps préparé ; que vous correspondiez avec l'île d'Elbe fréquemment et facilement ; que le ministre de la guerre et plusieurs maréchaux étaient dans le complot.

*R.* Je nie formellement l'assertion de M. le marquis de Vaulchier. J'ai bien pu l'engager, dans l'intérêt de la troupe et des citoyens, à conserver l'administration de son département, pour y maintenir la tranquillité publique, et protéger les personnes et les propriétés ; mais je n'ai jamais dit avoir correspondu avec l'île d'Elbe, avant le retour de Bonaparte. J'ai déjà fait connaître que j'ignorais entièrement ses projets, et l'on a dû voir que je n'appris son débarquement sur les côtes de France que par M. Bastardy, mon notaire. Toutes les mesures, que j'ai ordonnées jusqu'au 14 au matin, étaient dans les intérêts du Roi, et prouvent qu'elles avaient pour but de contrarier et d'arrêter la marche de Bonaparte. Si à cette époque la troupe avait été pourvue des munitions de guerre, que j'attendais de Besançon ; si j'avais eu les canons, qu'on m'avait promis d'envoyer, et si j'avais pu compter sur l'esprit des troupes, je n'aurais pas hésité à marcher à la rencontre de Bonaparte, quoique je fusse inférieur en forces. Les renseignemens que je reçus à cette époque sur les progrès et les forces de Bonaparte, ne pouvaient point me laisser l'espoir de le combattre avec le moindre succès. Chaque jour les soldats désertaient en grand nombre, et manifestaient l'intention de se réunir à lui. Les habitans des villes, le peuple des campagnes, travaillaient l'opinion des soldats et les engageaient à la défection. Si j'ai été entraîné à suivre le mouvement général, c'était dans la crainte d'attirer sur ma patrie des malheurs incalculables. Abandonné à moi-même, je n'ai pas trouvé dans mes lieutenans les conseils, dont j'avais tant besoin et que je leur demandais.

Depuis la défection de l'armée de Lyon ; toute la responsabilité morale pesait sur moi seul, et cependant mes moyens contre Bonaparte diminuaient tous les jours par la désertion et l'influence toujours puissante de ses agens. Si j'ai failli dans cette circonstance, on doit me rendre la justice de penser, que jamais je n'ai eu l'intention de trahir le Roi ; seulement, j'ai préféré ma patrie à tout.

## INFORMATION.

*Déclarations des témoins.*

Quarante témoins étaient indiqués : une partie d'entre eux n'a pu être interrogée par M. le général rapporteur, soit à cause de leur éloignement ou des fonctions dont ils étaient revêtus, et dont l'exercice ne leur permettait pas de venir déposer devant M. le général rapporteur.

Ces derniers témoins ont la plupart écrit ou envoyé leurs déclarations, qui ont été jointes au procès.

N°. I.—M. *Jacques Duval Desprémenil*, chef d'escadron attaché à l'état-major de S. Exc. le ministre de la guerre, chevalier de l'ordre royal et militaire de Saint-Louis, de la Légion-d'honneur, et de Saint-Wladimir de Russie, âgé de quarante-ans, domicilié à Paris; a déposé comme suit :

« J'ai reçu dans la nuit du 14 au 15 mars dernier, l'ordre de me rendre au quartier-général de M. le général Ney, à Lons-le-Saulnier. L'ordre, que je portais était cacheté; cependant M. le duc de Feltre m'avait dit qu'il contenait des instructions relatives à la position de Bonaparte, à la force des troupes, qu'il commandait, et l'ordre de l'attaquer sur ses derrières.

Je pris d'abord la route de Bourgogne, je trouvai une partie de cette province dans une fermentation très-grande : j'entendis plusieurs fois crier, *vive l'empereur*, et je vis déjà, notamment à Auxerre, des cocardes tricolores : il y avait un régiment de lanciers, que je crois être le sixième, qui avait déjà reconnu l'empereur; et des coureurs de ce régiment venus à Auxerre s'avançaient comme l'avant-garde de Bonaparte.

Cet état de choses, la nouvelle certaine, qui me parvint que Bonaparte marchait de Lyon sur Paris, la crainte d'être arrêté et de me voir enlever mes dépêches, me déterminèrent à changer de route.

J'envoyai ma chaise à Troyes, et je continuai par la route de traverse à franc étrier; je trouvai partout que l'insurrection avait fait les plus grands progrès; mais j'ignorais encore le parti, qu'avait pris le maréchal *Ney*.

Cependant au moment d'arriver à Lons-le-Saulnier (je crois que c'est à Vesoul), on m'apprit qu'il avait quitté son quartier-général, et qu'il avait fait un mouvement en avant, sans pouvoir m'indiquer la route qu'il avait prise.

Bonaparte suivant la route de Bourgogne, je crus qu'il avait pris celle de Champagne pour marcher sur son flanc droit, et je suivis la même direction jusqu'à Troyes, sans entendre parler de lui.

Là, le général Marulas m'apprit la défection de M. le maréchal; les détails, qu'il me donna ne purent me convaincre; et sachant positivement, où je devais le trouver par les rapports du général, je repris la route de Franche-Comté, dans l'espérance de lui donner mes ordres.

Mais à Chaumont, sa proclamation, qui circulait avec profusion, tant dans la ville que dans les régimens de la garde, et un régiment, qui y étaient, et qui étaient en pleine insurrection, me prouvèrent qu'il n'y avait plus d'espoir. (C'était, je crois, le 18 que j'arrivai à Chaumont.

Je crois de la justice d'ajouter, qu'en parlant de la proclamation du 14, répandue dans les régimens, je n'en ai parlé que comme d'un fait, dont j'ai été témoin, sans qu'on puisse induire de ma déclaration que je croie que ce soit cette proclamation, qui ait décidé les régimens. L'esprit public de toutes les provinces, que j'ai traversées, était entièrement pour Napoléon. Cependant, malgré les avis du général *Chabert*, qui voulait me retenir, je crus devoir faire une nouvelle tentative. Je poussai jusqu'à Langres. Là M. le colonel *Chalancey*, commandant d'armes de la place, me remit toutes les proclamations, tant celles de Napoléon que celle de M. le maréchal *Ney*; mais je fus bien étonné d'en voir une datée du golfe Juan, 2 mars, et signé *Ney*. M. de Chalancey me dit que depuis cinq ou six jours les émissaires de Bonaparte et du grand-maréchal parcouraient les provinces. Ayant là perdu tout espoir de remplir ma mission, je revins à Paris.

N°. II. — M. *Henri Batardy*, notaire royal à Paris, âgé de quarante-quatre ans, a déposé ce qui suit :

« Ayant été informé que M. le maréchal Ney devait arriver de sa terre des Coudreaux le 7 mars dernier, je me rendis à son hôtel vers quatre heures après midi; un quart-d'heure après M. le maréchal arriva, et je fus la première personne, à laquelle il adressa la parole. Nous montâmes dans son appartement; et selon son habitude, il me demanda ce qu'il y avait de nouveau. Sachant que cette question s'appliquait toujours à ses affaires personnelles, je lui répondis que je lui apportais son traitement du mois de février, que je venais de toucher pour lui. Je fis alors son compte, et je mettais les fonds sur son bureau. Comme S. Exc. ne me disait rien des nouvelles publiques, j'en fus étonné, et moi-même je lui dis : *Voici un évènement bien extraordinaire.* M. le Maréchal me répondit : *Quoi donc ?* Alors je lui dis : *Comment, vous ne savez pas ce qui se passe ? Vous ne savez pas que Bonaparte est débarqué près de Cannes ? Que Monsieur, frère du Roi, est parti ce matin pour*

*Lyon? Que vous-même vous êtes rappelé dans votre gouvernement avec Mgr. le duc de Berry? — Non,* répondit-il. *L'officier, qui m'apportait la lettre du ministre de la guerre ne m'a rien appris.* Le Maréchal témoignant ensuite beaucoup de surprise de ce que je lui annonçais, regardant cette nouvelle comme une des mille et une fables, qu'on fabrique tous les jours à à Paris, il ne voulait pas y croire. Alors je lui dis : *Ce que je viens de vous annoncer est dans le Moniteur.* Quand il n'y eut plus pour lui de moyens de douter que la nouvelle, que j'annonçais était véritable, il s'appuya sur sa cheminée, et enfonçant sa tête dans ses épaules, il s'écria : *Ah, mon Dieu, quel malheur! quelle chose affreuse!* Puis se mettant à se promener dans son appartement, il continua en disant : *Que va-t-on faire? Qu'a-t-on à opposer à cet homme-là? S'il n'avait pas su qu'il y eût quelques mécontentemens en France, jamais il n'aurait osé mettre les pieds sur le sol français.* Sur ces entrefaites, madame la maréchale arriva; je terminai les affaires pour lesquelles j'étais venu trouver M. le Maréchal; je pris congé de lui et ne le revis, que six semaines ou deux mois après.

N°. III.—M. *Paul-Philippe comte de Ségur,* maréchal des camps et armées du Roi, l'un des commandans de la Légion-d'honneur, commandeur de l'ordre du mérite militaire de Bavière, chevalier de l'ordre royal et militaire de Saint-Louis, âgé de trente-cinq ans, et domicilié à Paris, a dit :

« Je déclare que le 7 mars, jour de son arrivée à Paris, M. le maréchal prince de la Moscowa m'a dit qu'il venait d'apprendre l'entreprise de Napoléon Bonaparte; qu'il recevait l'ordre du ministre de la guerre de se rendre en Franche-Comté; qu'il allait s'opposer de tous ses moyens et de toutes ses forces à l'invasion de Napoléon; qu'en cas d'urgence, et comme chef d'état-major des corps royaux ( cavalerie ), je prendrais directement pendant son absence les ordres du ministre de la guerre; qu'enfin, je devais transmettre à l'instant, l'ordre positif à MM. les généraux commandant ces corps de se rendre sur-le-champ à leurs régimens, pour les maintenir dans leur devoir et dans leur fidélité envers le Roi. Je déclare que tout ce que j'entendis sortir de la bouche de M. le maréchal, prince de la Moscowa, a été dans le sens positif de ce dernier

ordre, et digne du général, qui a fait la gloire des armées françaises pendant plus de vingt campagnes. »

N°. IV. — M. *Antoine-Louis-Marie, duc de Grammont,* pair de France, lieutenant-général des armées du Roi, capitaine des gardes-du-corps, chevalier de l'ordre royal et militaire de Saint-Louis, âgé de vingt-neuf ans, domicilié à Paris, a dit :

« Qu'il n'était pas présent à la dernière audience, que M. le maréchal Ney eut du Roi, avant son départ pour se rendre dans son gouvernement, ainsi qu'il l'a déposé dans son interrogatoire devant M. le préfet de police de Paris, et qu'il ne peut rien dire sur ce fait. »

N°. V.— M. *Philippe-Marc-Antoine de Noailles,* prince de Poix, pair de France, grand d'Espagne de première classe, capitaine des gardes-du-corps du Roi, lieutenant-général de ses armées, gouverneur de Versailles, Trianon, etc., chevalier de la Toison-d'Or, de Saint-Louis, et chevalier-né de l'ordre de Malte, âgé de soixante-deux ans, domicilié à Paris, a déposé comme suit :

« Le 7 mars, jour du départ du maréchal Ney, il fut annoncé chez le Roi, pour prendre congé de S. M. Le Roi le fit entrer sur-le-champ, et lui dit à peu près ces mots : *Partez, je compte bien sur votre dévouement et votre fidélité.*

Sur ce, le Maréchal baisa avec grande affection la main du Roi : et lui dit, *Sire : j'espère ramener Bonaparte dans une cage de fer.* Après ces paroles il sortit.

N°. VI. — M. *Julien-Augustin-Joseph,* baron *Mermet,* lieutenant-général des armées du Roi, chevalier de l'ordre royal et militaire de Saint-Louis et de la Couronne de Fer, grand officier de la Légion-d'honeur, âgé de quarante-trois ans, domicilié à Paris, a dit ce qui suit :

« Je suis arrivé le 3 mars dernier à Lons-le-Saulnier; le 5, je fus prévenu par M. le maréchal-de-camp Gauthier, de la nouvelle du débarquement de Bonaparte, et en même temps par le préfet du Jura. Nous prîmes aussitôt des mesures pour empêcher la publicité d'une pareille nouvelle, avant d'avoir pris quelques mesures préparatoires pour organiser les gardes nationales. Le 11, le maréchal Ney arriva avec M. de Bourmont. Des ordres furent aussitôt donnés par le Maréchal aux troupes de son gouvernement, et celles qui avaient été dirigées sur Moulins pour s'y réunir à l'armée de *Monsieur*, qui avait évacué Lyon, reçurent l'ordre de rétrograder sur Bourg : car l'intention de M. le Maréchal était de concentrer ses forces, pour ne pas livrer les corps isolés à eux--mêmes, et éviter des points de contact avec Napoléon. Le 13, M. le Maréchal me donna l'odre de me rendre à Besançon, pour en prendre le commandement au nom du Roi ; de correspondre avec lui, ainsi qu'avec le ministre de la guerre, pour lui faire connaître l'époque de l'arrivée des troupes, qui venaient des 4ᵉ et 5ᵉ divisions militaires. Le 14 au matin, vers les onze heures, au moment où j'allais monter en voiture pour me rendre à Besançon, un aide-de-camp du général Jarry vint me dire, de la part de M. le maréchal Ney, de suspendre mon départ ; qu'il avait d'autres ordres à me donner : c'est alors que j'appris que M. le maréchal Ney avait rassemblé les troupes, et qu'il venait de proclamer l'*empereur Napoléon*. Le 14 au soir, il m'envoya un second ordre, qui me prescrivait de me rendre à Besançon, et de commander au nom de Napoléon. Malgré les protestations, que je lui fis, il insista ; mais je ne crus pas devoir me rendre à cette destination. Par suite de la non-exécution de cet ordre, M. le Maréchal m'ordonna les arrêts jusqu'à ce que Napoléon ait décidé sur mon sort. »

Nᵒ. VII. — *M. Jean-Joseph baron Gauthier*, maréchal-des-camps et armées du Roi, officier de la Légion-d'honneur, chevalier de l'ordre royal et militaire de Saint-Louis, âgé de cinquante ans, domicilié à Ruffey (département du Jura), maintenant à Paris, a dit :

« Au mois de mars dernier, je commandais le département de l'Ain ; je partis le 11, de Bourg, avec le 76ᵉ régiment de ligne, qui y était en garnison, sur l'ordre que j'en avais reçu, pour me rendre à Châlons-sur-Saône. Le même jour, dans la soirée, je reçus l'ordre de rétrograder sur Bourg, où j'arrivai le 12 au soir. En arrivant dans cette ville, le régiment fut accueilli par une partie de la population, qui s'était portée au-devant de lui, en criant : *Vive l'Empereur!*

Quelques hommes du peuple se portèrent à la préfecture, où ils enlevèrent les armes du Roi. La fermentation allant toujours en augmentant, le préfet sortit de la ville : je rentrai chez moi pour éviter d'entendre les propos des séditieux ; une partie des habitans et des militaires m'y suivirent, exigeant de moi que je fisse une distribution de vin aux troupes ; que je fisse arborer le drapeau tricolor et illuminer la ville : ce à quoi je me refusai. Je parvins par ma fermeté, et à force de sollicitations, à dissiper cet attroupement. Immédiatement après le régiment envoya chez moi une garde, que je n'avais pas demandée, composée seulement de soldats et de caporaux, en me prévenant qu'ils venaient pour m'empêcher de partir. Le lendemain 13, cette garde me força de partir avec le régiment, en m'annonçant, qu'il allait rejoindre Napoléon ; ils me conduisirent ainsi à Châlons-sur-Saône, où nous rencontrâmes Bonaparte. Je n'ai eu aucune connaissance des dispositions prises, et des ordres donnés par le M. le maréchal Ney, que je n'ai pas revu. »

Nᵒ. VIII. — *M. Charles-François Armand, duc de Maillé*, pair de France, premier gentilhomme de la chambre de S. A. R. *Monsieur*, maréchal-des-camps et armées du Roi, chevalier de l'ordre royal et militaire de Saint-Louis, âgé de quarante-cinq ans, domicilié à Lormois (département de Seine-et-Oise), a déposé comme suit :

« S. A. R. *Monsieur* m'ordonna de partir de Lyon, le 10 mars dernier, à six heures du soir, pour me rendre à Besançon, où devait se rendre Mgr. le duc de Berry, et lui apprendre la prise de Grenoble et la défection des troupes, ainsi que la nécessité où se trouvait *Monsieur* d'abandonner Lyon, pour se retirer sur Rouanne. Arrivé le 11 matin à Besançon, je descendis à la préfecture, où l'on m'apprit que Mgr. le duc de Berry n'était point arrivé comme il en avait d'abord eu le projet. De là, je me rendis chez le général de Bourmont, commandant la division, pour lui porter les nouvelles de *Monsieur*. Là, il m'apprit que M. le maréchal Ney venait d'arriver dans cette ville, et nous nous rendîmes ensemble chez lui. Après lui avoir rendu compte des évènemens, que j'étais chargé d'annoncer à Mgr. le duc de Berry, le Maréchal me parut fort surpris de ce que je lui apprenais, et commanda, dans le premier instant, des chevaux de poste pour partir à minuit. Il eut d'abord le projet de rejoindre *Monsieur* à Rouanne, et me dit qu'il allait m'emmener avec lui ; il me donna quelques instans pour faire mes dispositions de départ : mais à mon retour, il m'annonça qu'il avait changé d'avis ; qu'il trouvait plus important, d'après l'état des choses, de se rendre de suite à Lons-le-Saulnier, pour y réunir toutes les troupes, qui étaient en marche sur Lyon, et les rendre disponibles, suivant les nouvelles, qu'il devait recevoir de Bonaparte, et fit écrire, par le général de Bourmont, des contre-ordres, qu'on envoya à l'instant même. Je trouvai le Maréchal dans les meilleures dispositions pour le service du Roi, très-décidé à combattre Bonaparte. Le général de Bourmont me rapporta que, pendant le temps, qu'il m'avait donné pour préparer mon départ, il lui avait dit : *Général, nous serons peut-être inférieurs en force ; mais parbleu, si nous le rencontrons, il faudra faire en sorte de le frotter.* Comme je devais rejoindre *Monsieur*, je quittai le maréchal Ney, qui allait partir pour Lons-le-Saulnier, il me témoigna le désir de pouvoir établir une communication avec le maréchal Macdonald, pour combiner leurs opérations.

**N°. IX. — M.** *Gabriel-Joseph-Eléazard de Rosières*, marquis de Soran, âgé de quarante-sept ans, maréchal-des-camps et armées du Roi, aide-de-camp de S. A. R. *Monsieur*, chevalier de l'ordre royal et militaire de Saint-Louis, chevalier de Saint-Georges, a déposé comme suit :

« Le 8 mars dernier, *Monsieur* m'ordonna d'aller le rejoindre à Lyon, en passant par les routes de Champagne et de Franche-Comté. Après avoir rempli la mission, dont il m'avait chargé sur ces routes, je me trouvai le 11, à sept heures du matin, à un quart de lieue de la poste de Mantry, près Lons-le-Saulnier, me dirigeant sur Lyon ; je rencontrai un aide-de-camp ou officier adjoint à l'état-major du ministre de la guerre, nommé M. Renaud de Saint-Amour, qui arrêta ma voiture, et me demanda si je n'étais pas le marquis de Soran : lui ayant répondu qu'oui, il me dit aussitôt qu'il avait ordre de me dire de la part de S. A. R. *Monsieur*, de me diriger sur Moulins, où S. A. R. devait être alors. Je le priai

de monter dans ma voiture, le voyant se diriger sur Besançon, où je pris la résolution d'aller sur-le-champ, pour trouver M. le maréchal Ney, que je savais devoir y être arrivé la veille, à l'effet de lui demander ses ordres et dispositions pour les rapporter à *Monsieur*. Après avoir fait plusieurs postes avec M. Renaud de Saint-Amour, dans ma voiture, il me quitta deux postes avant celle de Quingey, où je rencontrai le maréchal Ney, qui se dirigeait sur Lons-le-Saulnier. Il était avec M. le comte de Bourmont, lieutenant-général ; l'un et l'autre étaient arrêtés à l'auberge de la poste à Quingey ; je montai dans sa chambre et lui demandai ses ordres, vu la circonstance. Il me répondit : *Suivez-moi.* — Je rebroussai chemin, et m'en retournai à Lons-le-Saulnier, dans ma voiture, suivant la sienne. Je fis halte pendant le temps que M. le Maréchal donnait des ordres pour les dispositions de ses troupes, qui étaient en marche dans la ville de Poligny ou Arbois ( je ne me rappelle pas bien dans laquelle de ces deux villes ). J'avais rencontré le soixantième et le soixante-dix-septième régimens de ligne, lorsque je me dirigeais sur Besançon, M. Renaud de Saint Amour étant encore dans ma voiture. Nous regardâmes beaucoup les troupes, leur maintien et leur marche. Plusieurs fois, en traversant ces deux régimens, nous entendîmes des cris de *Vive l'Empereur !* Ils n'avaient pas, en général, leurs lis ; j'en fis la réflexion à M. de Saint-Amour, qui convint avec moi que ces troupes avaient l'air d'être fort mal disposées. M. le Maréchal se mit en route de Poligny ou d'Arbois, une heure après s'y être arrêté ; je le suivis, et j'arrivai à Lons-le-Saulnier avec lui le 12, vers une heure du matin ; je quittai M. le maréchal Ney, et ne le revis plus que le matin à déjeûner. Dans la matinée M. le Maréchal me parla plusieurs fois des circonstances où on se trouvait, et je lui peignis la difficulté, qu'il pourrait avoir avec des troupes aussi mal disposées. Il me répondit que ces troupes marcheraient et feraient leur devoir. Je lui dis, qu'avec ses talens et sa réputation militaire acquise, personne plus que lui n'était fait pour les décider à suivre le chemin de l'honneur. Il me répondit : « Ils marcheront ; je serai le premier à leur tête ; « je tirerai le premier coup de fusil ; et s'il y en a un « qui refuse, je lui passerai mon épée dans le ventre. « D'ailleurs, c'est le canon qui fait marcher les sol-

« dats ; et mon aide-de-camp , M. Levasseur, bon
» officier d'artillerie, l'appliquera bien. » Je quittai
M. le Maréchal, et je le revis à dîner. Dans la soirée,
il reçut une proclamation de l'armée de Bonaparte, et
celle de Bonaparte, il les lut devant M. le comte de
Bourmont et moi. Pendant tout le temps que j'ai été
avec M. le maréchal Ney, je l'ai vu rempli des meilleures dispositions pour marcher et s'opposer à l'armée de Bonaparte. Je l'entendis donner des ordres
concernant l'artillerie qu'on envoyait à Lyon, de Besançon et d'Auxonne. Le lendemain , je vis M. le Maréchal envoyer à Lyon deux gendarmes déguisés ,
pour s'assurer , disait-il, de la marche de Bonaparte,
dont il n'avait pas de nouvelles certaines. Je passai
cette journée du 13, tant avec M. le Maréchal qu'avec
ses aides-de-camp qui , tous témoignaient les mêmes
dispositions pour le service du Roi. Sur les quatre
heures du soir, je priai M. le Maréchal de vouloir
bien me donner ses ordres pour *Monsieur*, qui devait être inquiet de ne pas me voir venir. M. le Maréchal me dit : *Je n'écris pas moi-même , mais écrivez
sous ma dictée.*

Alors il me dicta toutes les dispositions militaires ,
et après le dîner, je partis sur les sept heures trois-
quarts du soir, M. le Maréchal m'engageant beaucoup
à lui envoyer des nouvelles promptes , soit de *Monsieur*, soit du ministère de la guerre, étant inquiet
de n'en pas recevoir et les désirant vivement. Il me
chargea de ses protestations de fidélité et hommages
pour le Roi et *Monsieur*; il me chargea aussi d'ordres pour le général Heudelet, qui était à Dijon. Je
rencontrai ce général chez lui à Dijon , disant que les
ordres de M. le Maréchal n'étaient pas exécutables,
puisque la troupe qu'il avait envoyée à Châlons avait
été repoussée par le peuple et était en défection ;
que lui-même se retirait à Châtillon, et qu'il faisait déjà
ses préparatifs de départ, ce que je vis en effet. Je
le quittai le 14 dans la matinée. poursuivant ma route
sur Sens, où j'avais ouï dire que *Monsieur* devait
être, je rencontrai les équipages de M. le maréchal
Ney. J'engageai ses gens à quitter cette route, et à
prendre celle de Tonnerre, pour éviter de tomber
entre les mains de l'armée de Bonaparte, ce qu'ils
exécutèrent. A Auxerre, le matin, pendant qu'on re-
layait, on vint de la part de M. Gamot, beau-frère
de M. le maréchal Ney, qui était préfet du départe-

ment de l'Yonne , me prier de passer chez lui, où je
me rendis. J'y déjeûnai , et il me chargea d'une lettre
pour madame la maréchale Ney. Je poursuivis ma
route sur Paris, où j'appris que *Monsieur* était, et
où j'arrivai le 16 à trois heures du matin. J'attendis
que *Monsieur* fût éveillé, et je lui rendis compte de
ma mission , en lui témoignant le peu de confiance que
j'avais aux troupes et toute celle que m'avait inspirée
le maréchal Ney. *Monsieur* m'ordonna d'aller porter
au ministre les dispositions de M. le Maréchal, ce
que j'exécutai sur-le-champ, et le ministre en fit prendre
copie sous ma dictée.

N°. X. — *M. Amédée-Bretagne-Malo de Dur-
fort*, duc de Duras, pair de France, premier gentilhomme de la chambre du Roi (d'année), maréchal des
camps et armées du Roi , âgée de quarante-quatre-
ans , chevalier de l'ordre royal et militaire de Saint-
Louis, domicilié à Paris, a dit ce qui suit :

« Le 7 mars dernier, à onze heures et un quart du
matin, j'ai vu introduire M. le maréchal Ney par le
premier valet de chambre du Roi, dans son cabinet
intérieur , en présence de plusieurs autres grands-
officiers de sa maison. Le Maréchal s'est avancé d'un
pas ferme et plutôt précipité, vers S. M., qui était
assise, et s'inclinant pour la remercier de la confiance
dont S. M. l'investissait, lui a dit qu'il partait avec la
résolution de combattre partout Bonaparte , et que
s'il lui arrivait de le prendre vif, il le ramènerait dans
une cage de fer : à quoi S. M. a répondu , en lui prenant la main, qu'elle avait toute confiance en sa fidélité; après quoi il se retira. Je n'ai pas entendu que
le maréchal Ney ait fait une demande d'argent. »

No. XI. — *M. Anne-Joseph Renaud-de-Saint-
Amour*, âgé de trente-sept ans, chef d'escadron,
adjoint à l'état-major général de l'armée, chevalier de
l'ordre royal et militaire de Saint-Louis et de la Légion-d'honneur, domicilié à Paris, a dit :

« Le 7 mars dernier, étant employé à l'état-major
de S. Exc. le ministre-secrétaire-d'état au département
de la guerre, et de service à cette époque, je reçus
de S. Exc. l'ordre d'aller porter des dépêches cache-
tées à différens lieutenans-généraux, commandans de
divisions et chefs de corps, à Dijon, à Besançon,
Bourg et Grenoble. Le secrétaire-général , en me re-

mettant ces dépêches, me dit qu'elles étaient relatives à des ordres de marches pour différens corps, qui devaient se rendre à un camp qu'on allait établir entre Lyon et Chambéri, et que je devais recommander à MM. les généraux de presser le départ desdites troupes. Je partis de suite en poste. Le 8 au matin, je remis mes dépêches à M. le général Heudelet, à Dijon. A un quart de lieue de Besançon, je rencontrai M. le marquis de Brossart, major, qui revenait à Paris, et qui m'apprit le premier le débarquement de Bonaparte. Le même jour, je remis mes dépêches à M. le lieutenant-général comte de Bourmont, et continuai ma route par Bourg, où je trouvai M. le général Gauthier, auquel je remis un paquet, qui renfermait des lettres pour lui, pour M. le préfet du département de l'Ain, et pour M. le colonel du 72e de ligne. Le 10, à la pointe du jour, me trouvant entre Lyon et Vienne, ayant la certitude, par les raports que je m'étais procurés sur la route, de ne pouvoir remettre mes dépêches à M. le général Marchant, qui commandait à Grenoble, ayant appris que Napoléon était à deux lieues de moi, sur ma gauche, et que, sur la route que je venais de prendre, il y avait le 4e de hussards qui venait de se réunir à lui, et que, de plus, le général Marchant avait été forcé de se retirer au fort Barreau avec une partie du 11e régiment de ligne, je me décidai à revenir à Lyon pour prendre les ordres de S. A. R. *Monsieur.* S. A. R. me dit qu'elle allait quitter la ville de Lyon, et que je devais prendre les ordres de S. Exc. M. le duc de Tarente. Un quart-d'heure après, M. le maréchal arriva à son hôtel, accompagné de MM. les généraux Partouneau, Dejean et autres.

Son Exc., entrée dans son appartement, raconta, en ma présence, aux officiers généraux et autres qui s'y trouvaient, que ses instances pour engager les troupes à se battre avaient été inutiles; qu'il désespérait de réussir à défendre avec de tels soldats le passage du Rhône; qu'il était probable que dans une heure il serait obligé de se retirer de sa personne par Roanne sur Moulins, pour y réunir les troupes qui étaient en marche, ne pouvant compter sur la garnison de Lyon pour le service du Roi. Au même instant, M. le Maréchal fit une dépêche télégraphique, pour annoncer au ministre de la guerre, à Paris, ce qui venait de se passer à Lyon. M. le maréchal Mac-

donald m'ordonna de partir immédiatement pour Besançon, par la route de la Franche-Comté, et me donna par écrit l'ordre de faire rétrograder sur Moulins tous les corps de troupes que je trouverais sur ma route, et de donner le même ordre sur la route de Mâcon et sur celle de Châlons, afin, disait-il, d'éviter le contact des troupes qui s'étaient réunis à Napoléon, avec celles qui étaient en marche. Son Exc. me prévint aussi verbalement que je trouverais sur la route de Lyon à Besançon, S. A. R Mgr. le duc de Berry, ainsi que M. le maréchal Ney, avec les troupes qui étaient mises en mouvement de l'Alsace et du gouvernement de la 6e division militaire. Je suivis exactement les ordres de M. le maréchal Macdonald, transmettant sur la route les ordres de S. Exc. aux troupes que je rencontrais, pour les faire changer de direction, et hâter leur marche sur Moulins. Près d'arriver à Poligny, je rencontrai une chaise de poste dans laquelle je crus voir un officier-général, et je fis demander qui il était; j'appris que c'était M. le marquis de Soran, aide-de-camp de S. A. R. *Monsieur.* Sur ce qu'il me dit qu'il allait rejoindre S. A. R. à Lyon, je l'engageai à rebrousser chemin, ayant eu l'ordre de prévenir les officiers isolés de tout grade que je rencontrerais sur la route, des évènemens qui s'étaient passés à Lyon et dans la 7e division militaire. M. le marquis de Soran suivit mon conseil, fit rétrograder sa voiture, et nous continuâmes notre route ensemble jusqu'à la poste de Quingey. Chemin faisant, nous trouvâmes plusieurs régimens d'infanterie qui étaient en marche; nous entendîmes plusieurs fois crier *vive l'empereur!* et fîmes la remarque qu'il était impossible de rien espérer, pour la cause du Roi, de soldats ainsi disposés. J'avais également observé à plusieurs reprises, principalement dans le département de l'Ain, des groupes de paysans qui étaient réunis et faisaient entendre le même cri de *vive l'empereur!* et paraissaient fort réjouis du retour de Bonaparte. Arrivés à Quingey, nous apprîmes que M. le Maréchal venait d'y arriver aussi avec un régiment; qu'il était descendu à l'auberge de la poste, où je m'empressai d'aller le trouver avec M. le marquis de Soran. Nous le trouvâmes en effet; il était avec M. le lieutenant-général comte de Bourmont,

Après avoir fait à S. Exc. le détail de ce que je viens de dire sur ce qui s'était passé à Lyon et les observations que j'avais faites en route, sur l'esprit des troupes et des habitans, je lui communiquai les ordres écrits dont j'étais porteur, et l'informai des contre-ordres que j'avais donnés à plusieurs corps pour les diriger sur Moulins, et lui en remis l'état. M. le maréchal Ney parut aussi surpris que peiné de toutes ces nouvelles, mais semblait persister à vouloir marcher contre Bonaparte pour le combattre ; il donna l'ordre de suite à M. le comte de Bourmont d'écrire de nouveaux contre-ordres pour réunir les troupes sur Lons-le-Saulnier, où il annonçait vouloir prendre le commandement, et marcher, disait-il, pour combattre Napoléon, quand il ne lui resterait que les officiers et sous-officiers. Je tuerai, ajouta-t-il, le premier qui refusera de marcher, et je tirerai moi-même le premier coup de fusil. Le maréchal me demanda si nous n'avions pas rencontré un officier supérieur de gendarmerie qu'il avait expédié à M. le général Lecourbe, pour l'engager à le rejoindre, et venir prendre un commandement de troupes ; je lui répondis qu'effectivement nous l'avions rencontré à deux lieues de Quingey, et que même M. le marquis de Soran avait cru utile d'annoncer ce qui se passait à M. le général Lecourbe. Devant me rendre à Paris, M. le maréchal Ney m'ordonna de passer à Besançon, et me chargea verbalement d'inviter le directeur d'artillerie de cette ville de lui envoyer en poste, à Lons-le-Saulnier, quelques caissons, et le plus de cartouches qu'il pourrait. J'exécutai cet ordre à Besançon, d'où je me rendis à Paris, où j'arrivai dans la nuit du 13 au 14 mars.

N°. XII.—M. *Anne-Louis-Antoine baron Clouet*, colonel, chef d'état-major du gouvernement de la 16e division militaire, âgé de trente-quatre ans, chevalier de l'ordre royal et militaire de Saint-Louis, oficier de la Légion-d'honneur, domicilié à Paris, a déposé comme suit :

« Le 9 mars dernier je reçus l'avis que M. le maréchal Ney, dont j'étais alors premier aide-de-camp, venait de passer à Paris pour se rendre dans son gouvernement de la 6e division militaire à Besançon. Je partis le 10, et en passant à Paris le 12, j'y trouvai l'ordre de le rejoindre. Je partis le même jour ; et après m'être détourné pour ne point entrer dans Dijon, qui avait arboré le pavillon tricolor, je suis arrivé à Dôle le 15 entre cinq ou six heures du soir. J'y trouvai les troupes françaises portant toutes la cocarde tricolore. J'appris que M. le maréchal prince de la Moscowa était dans la ville ; je me rendis chez lui : c'est alors seulement que j'eus connaissance des évènemens du 14. Je dînai à la table de M. le Maréchal ; et environ deux heures après, j'entrai dans son cabinet pour le prier de me permetre de retourner dans ma famille ; ce qui me fut accordé d'autant plus facilement, qu'étant parti malade de Tours, j'étais en fort mauvais état en arrivant à Dôle. Je passai la nuit dans la maison de M. le Maréchal, qui devait, disait-on, partir pour Dijon le lendemain 16, à six heures du matin. Le 16, à la pointe du jour, je sortis de la maison de M. le Maréchal pour chercher le logement de M. le comte de Bourmont ; et lui ayant dit que je voulais partir pour Paris, il m'offrit de faire le voyage avec lui dans sa voiture. J'arrivai à Paris le 18 au soir, et j'appris le lendemain ou surlendemain, que le ministre de la guerre avait l'ordre d'arrêter plusieurs personnes, parmi lesquelles se trouvaient M. de Bourmont et moi, et que leurs biens étaient séquestrés ; cette raison et d'autres considérations me déterminèrent à faire encore partie de l'armée, et à y être employé dans mon grade. Le 22 ou le 23, m'étant présenté chez le ministre de la guerre, S. Exc. me dit que je serais employé dans l'armée, et que l'ordre de me faire arrêter, ainsi que celui concernant le séquestre de mes biens, seraient regardés comme non-avenus. Depuis mon départ de Dôle, je n'ai plus eu aucun rapport avec M. le maréchal prince de la Moscowa. »

N°. XIII. M. *François-Guillaume Lamoureux*, comte de la Genetière, major d'infanterie, âgé de trente-sept ans, chevalier de l'ordre royal et militaire de Saint-Louis et de la Légion-d'honneur, domicilié à Paris, a dit :

« J'étais major en second au 64e régiment de ligne à la demi-solde à Besançon, 6e division militaire, commandée par le comte de Bourmont, à l'époque du 9 mars dernier ; ayant eu connaissance du débarquement de Bonaparte sur les côtes de France, je m'empressai d'aller offrir mes services à M. le comte de Bourmont pour marcher contre Bonaparte, sous les ordres du maréchal Ney, qui venait d'arriver à Besançon. M. le comte de Bourmont accepta mes services, et je partis le 11 avec M. de Franoy ( aujourd'hui capitaine au régiment de la couronne ), pour me rendre à l'état-major-général à Lons-le-Saulnier, où devait se trouver M. le général Ney. J'arrivai le 11 au matin dans cette ville ; cette journée et celle du 13, furent employées à l'organisation d'un état-major-général, dont le chef était M. le baron Passinges de Préchamp, adjudant-commandant ; j'y fus provisoirement employé comme sous-chef d'état-major. Le 14 au matin, M. le baron de Préchamp me fit connaître que M. le maréchal Ney venait de me désigner pour remplir les fonctions de chef d'état-major de la première division, commandée par M. le lieutenant-général Lecourbe. Après avoir communiqué à cet officier-général mes lettres de service, je me rendis sur la place de Lons-le-Saulnier, où l'armée se trouvait sous les armes ; il était environ une heure après midi. Le maréchal Ney vint, accompagné des généraux Lecourbe, de Bourmont et autres officiers de son état-major, ainsi que des chefs de corps.

Après avoir fait former le carré aux troupes, M. le maréchal Ney fit ban et l'épée, ayant à la main un écrit, il lut une proclamation commençant par ces mots : *Soldats, la cause des Bourbons est à jamais perdue*, etc. Les soldats crièrent : *Vive l'empereur !* Le Maréchal embrassa toutes les personnes qui se trouvaient près de lui, assura que cette affaire était arrangée depuis plus de trois mois, et que le retour de Bonaparte était le vœu de toute l'armée. Immédiatement après les troupes défilèrent devant le Maréchal aux cris de *vive l'Empereur !* Après qu'on eut reconduit M. le maréchal Ney à son logement ( à l'auberge de la Pomme-d'Or ), les soldats se répandirent dans la ville, détruisant partout les armes de la famille royale ; ils pillèrent un café sur la place. Le baron de Préchamp fut de suite envoyé à Bonaparte, pour lui annoncer le changement qui venait de s'opérer. Le Maréchal me donna provisoirement le commandement de l'état-major. Les troupes devaient se rendre, le 15, à Dôle, le 16 et le 17 à Dijon, où se trouvait le général Bertrand, et où l'on supposait que devait se rendre Bonaparte. Le 15 au matin, nous partîmes pour Dôle. A minuit j'écrivis la lettre suivante à M. le Maréchal : « *Ne sachant point transiger avec les sermens de l'honneur*, et ne ne me croyant pas dégagé « des promesses solennelles que j'ai faites au Roi

« entre les mains de S. A. R. *Monsieur,* lorsqu'il me « reçut chevalier de l'ordre royal et militaire de Saint-« Louis ; ne pouvant, d'après mes principes, conti-« nuer plus long-temps des fonctions préjudiciables à « l'intérêt de mon Prince, je quitte l'état-major et me « rends à Besançon. J'ai eu long-temps l'honneur de « servir sous vos ordres, M. le Maréchal ; aujourd'hui « je n'ai qu'un regret, c'est celui de les avoir exécutés » pendant près de vingt-quatre heures. Quel que soit « l'évènement, mon existence même pût elle être « compromise, je la sacrifie à mon devoir. » Depuis cette époque je n'ai eu aucun rapport avec M. le maréchal Ney, et j'ai rempli en Suisse les fonctions de sous-chef d'état-major de l'armée de l'est, sous les ordres de M. Gaëtan de la Rochefoucault, en conformité des ordres de S. Exc. M. le duc de Feltre, ministre de la guerre. »

*Demande.* Quelles mesures le maréchal Ney avait-il prises, le 13 mars, pour maintenir les troupes dans la fidélité qu'elles devaient au Roi ?

*Réponse.* Les 12 et 13, M. le Maréchal fit venir devant lui MM. les colonels Duballen, du 64e ; Maréchal, du 77e ; Léopold, du 15· dragons, et d'autres officiers supérieurs : il leur fit connaître son intention positive de marcher contre Bonaparte, d'arrêter ses progrès, et de mériter par-là le titre de *libérateur de la patrie* ( ce sont ses expressions. ) Il ne se contenta pas de tenir ce langage aux chefs des différens corps, et à moi particulièrement ; mais il les engagea encore à donner le même esprit aux officiers, sous-officiers et soldats sous leurs ordres. Ceci se passait le 12 et une partie de la journée du 13. Des courriers arrivèrent dans la nuit du 13 au 14, et changèrent vraisemblablement les discours de M. le Maréchal.

*D.* Croyez-vous, M. le Major, que M. le maréchal Ney était en mesure avec les troupes sous ses ordres, de s'opposer aux progrès de l'invasion de Napoléon Bonaparte en France ?

*R.* Je pense que les officiers supérieurs des corps que j'avais l'honneur de connaître particulièrement, et une partie des officiers ayant été employés, par le général Lecourbe, dans la réorganisation de l'armée, étaient dévoués à la cause du Roi. Quant aux soldats, quelques-uns firent éclater une opinion contraire aux intérêts du Roi, à leur départ de Besançon ; mais ce n'était point la généralité de la troupe.

*D.* Croyez-vous que les discours, les écrits et l'exemple de M. le maréchal Ney, aient entraîné les officiers et soldats sous ses ordres, à se rallier à Napoléon Bonaparte ?

*R.* S'il n'est ici question que de la proclamation du 14, il n'y a pas de doute qu'elle n'ait entraîné toutes les troupes, sous les ordres de M. le Maréchal, à servir le parti de l'usurpateur. Quant à l'exemple qu'il donna en se détachant de la cause du Roi, je ne doute pas qu'il n'ait puissamment influé sur l'esprit et la conduite de l'armée.

*D.* Quelle opposition M. le maréchal Ney trouva-t-il dans les officiers et parmi les troupes sous ses ordres, au moment où il leur lut la proclamation par laquelle il les engagea à se réunir à Napoléon Bonaparte ?

*R.* M. le maréchal Ney ne trouva aucune opposition ; il lut sa proclamation sans être interrompu. Les officiers qui se trouvaient au centre parurent *atterrés*. M. le comte *de Bourmont* et M. *Duballen*, colonel du 64ᵉ, lui observèrent seuls que le langage qu'il venait de tenir était peu conforme à celui qu'il avait tenu quelques heures auparavant, et bien opposé à l'esprit qu'ils avaient dù donner aux troupes.

*D.* Est-il parvenu à votre connaissance que M. le maréchal Ney ait pris conseil des officiers-généraux sous ses ordres, avant de lire aux troupes la proclamation, par laquelle il les engageait à se réunir à Napoléon Bonaparte ?

*R.* Non ; je pense même qu'il ne les a point consultés.

*D.* Connaissez-vous le motif qui avait engagé M. le maréchal Ney à donner à Auxerre l'ordre de vous faire arrêter ?

*R.* Comme M. le maréchal Ney m'avait confié momentanément le commandement de l'état-major, et que dans les douze heures que je remplis ces fonctions, je lui écrivis la lettre précitée dans ma déposition, je ne doute nullement que ces seuls motifs le déterminèrent à donner l'ordre de mon arrestation.

*D.* Croyez-vous que M. le maréchal Ney était en communication avec Bonaparte avant le 13 mars ?

*R.* Mes dépositions subséquentes font voir que je ne le pense pas.

*D.* M. le maréchal Ney parla-t-il aux officiers, et à vous particulièrement, les 13 et 14 mars, de lettres reçues par lui du général Bertrand, qui était auprès de Bonaparte ? et que dit-il de leur contenu ?

*R.* J'ignore si M. le maréchal Ney a communiqué des lettres à des officiers. Le 13, M. le maréchal Ney paraissait toujours dans les intérêts du Roi ; le 14 même, jusqu'au moment de sa proclamation, je l'ai cru dans les mêmes sentimens : ce n'est qu'à Dôle, le 15, à sept heures du soir, que M. le Maréchal me montra la signature du général Bertrand, sur un billet qu'il me dit contenir le détail des arrangemens entre le cabinet de Vienne et Bonaparte, pour sa rentrée en France ; mais M. le Maréchal ne me montra absolument que la signature du général Bertrand.

*D.* Aussitôt que M. le Maréchal eut déclaré qu'il voulait se réunir à Napoléon Bonaparte, se manifesta-t-il parmi les officiers et les troupes sous ses ordres l'intention de l'arrêter, pour le mettre dans l'impossibilité d'exécuter ses ordres ?

*R.* Je n'ai rien remarqué qui annonçât cette intention ; et rien, à ce sujet, ne m'a été communiqué : d'ailleurs, la chose devenait impraticable, puisque l'esprit des troupes du Maréchal était tout à sa dévotion.

*D.* Quelle était la situation politique et l'esprit manifesté par les habitans des pays que vous avez parcourus depuis Besançon jusqu'au moment où vous avez quitté M. le maréchal Ney ?

*R.* L'excellent esprit qui anime les habitans de la ville de Besançon est généralement connu ; d'après les différens rapports, il n'en était peut-être pas ainsi de quelques villes avoisinantes, telles que Gray, Gy, Vesoul et Beaumes-les-Dames. La ville de Lons-le-Saulnier renfermait aussi une masse d'hommes dévoués à Bonaparte. Aussi, quelques minutes après la proclamation de M. le maréchal Ney, une population nombreuse s'était jointe aux soldats qui parcouraient cette ville aux cris de *vive l'empereur*.

Nᵒ. XIV. — *M. Pierre-George, comte de Secy-Montbeliard*, maréchal-des-camps et armées du Roi, chevalier de l'ordre royal et militaire de Saint-Louis, ancien préfet du département du Doubs, âgé de quarante-quatre ans, domicilié à Besançon, département du Doubs, a déposé comme suit :

« Le 10 mars au matin, M. le maréchal Ney me dit, en arrivant à Besançon, que S. A. R. Mgr. le duc de Berry, dont les équipages étaient déjà arrivés, n'y viendrait pas; qu'il l'en avait détourné : cela augmenta mes craintes sur les desseins de M. le Maréchal, malgré la violence de ses discours contre Bonaparte. Je lui demandai ses ordres et des instructions, il ne m'en donna aucun, me priant seulement de lui procurer, par voie de réquisition, des chevaux de selle, et de lui fournir de l'argent sur les caisses publiques. Au moment de son départ pour Lons-le-Saulnier, M. le Maréchal me fit demander par M. Passinges de Préchamp, son chef d'état-major, un mandat de 15,000 fr. sur le receveur-général; je fis observer à M. Passinges que je ne pouvais le délivrer, vu le peu de fonds qu'il y avait dans les caisses, qu'il était de mon devoir de conserver pour assurer le prêt à la garnison; que M. le Maréchal se procurerait facilement ailleurs l'argent qui pouvait lui être nécessaire pour une campagne aussi courte. M. de Passinges, mécontent de mon refus, me répliqua avec vivacité : *Cela n'ira pas comme vous le pensez; les partisans des Bourbons sont sans énergie.* Le lendemain 12, ayant été informé qu'on désarmait la place, et qu'on n'approvisionnait point la citadelle, comme j'en avais ouvert l'avis, j'en fis mes plaintes aux divers commandans militaires. Le général d'artillerie me fit observer que cela ne me concernait pas, et qu'il exécutait les ordres qu'il avait reçus de M. le maréchal Ney. Je lui demandai des armes et des munitions pour les volontaires royaux que je réunissais; il me dit qu'il n'en avait pas. Depuis le départ du maréchal Ney, je n'ai reçu de lui qu'une lettre du 13 mars, par laquelle il demandait les contrôles de la garde nationale à pied et à cheval. »

N° XV. — *M. Louis, comte Friant,* lieutenant-général, grand cordon de la Légion-d'honneur, chevalier de l'ordre royal et militaire de Saint-Louis, âgé de cinquante-sept ans, domicilé à Paris, rue de Vendôme, a déposé comme suit :

« Je n'ai rien à dire pour ou contre M. le maréchal Ney; je n'ai jamais eu aucune relation avec lui; je n'ai jamais été sous ses ordres que trois heures environ, dans le mois de mars 1814, dans la campagne de Champagne. Je n'ai eu aucune connaissance de ses projets à l'époque du débarquement de Bonaparte sur les côtes de France. J'ai rejoint à Metz, dans le mois de mars, d'après un ordre du ministre de la guerre

(maréchal Soult), le corps royal des grenadiers que je commandais; et dont j'ai suivi les mouvemens. Je n'ai vu M. le maréchal Ney qu'à Paris, après l'arrivée de Bonaparte.

*D.* M. le Général, avez-vous connaissance que des officiers du corps royal des grenadiers que vous commandiez aient été envoyés dans le mois de mars dernier, à Bonaparte, pour lui annoncer que l'intention de ce corps était de se réunir à lui ?

*R.* Non.

*D.* Connaissez-vous dans votre corps un officier manchot qui ait été envoyé à Bonaparte à l'époque de son débarquement ?

*R.* Non; depuis l'organisation faite à Fontainebleau, il n'y avait parmi les officiers que des hommes valides.

*D.* M. le Général, le maréchal Ney vous envoya-t-il, avant le 14 mars dernier, des ordres ou des invitations ?

*R.* Non; je n'ai reçu à cette époque aucune lettre de M. le maréchal Ney; je n'étais d'ailleurs pas sous ses ordres.

N° XVI. — *M. Sébastien Guillaume Cayrol,* commissaire-ordonnateur des guerres, âgé de quarante-cinq ans, chevalier de l'ordre royal et militaire de Saint-Louis et de la Légion-d'honneur, domicilié à Compiègne, département de l'Oise, en ce moment à Paris, a dit ce qui suit :

« Il est pénible pour moi de déposer dans une cause capitale contre M. le maréchal Ney, sous les ordres duquel j'ai eu l'honneur de faire plusieurs campagnes, et qui m'a toujours témoigné de l'intérêt et de la bienveillance; mais les faits sont malheureusement d'une notoriété tellement publique, que chacun sait qu'il est impossible ou de les aggraver ou de les atténuer.

« J'étais employé à Lons-le-Saulnier comme ordonnateur de la 2e subdivision de la 6e division militaire. Je demeurais à un quart de lieue de la ville. Bonaparte étant arrivé à Lyon, le général Mermet me fit prévenir le 9 ou le 10 mars, de me tenir prêt à faire un mouvement, pour me tenir plus rapproché de lui; je rentrai en ville, et je m'établis à l'auberge. Dans la nuit du 10 au 11, ou du 11 au 12, je fus éveillé à trois heures du matin par le général Bourmont, qui me dit que M. le maréchal Ney me demandait: il était destendu dans la même auberge que celle où je logeais; je me rendis de suite dans sa chambre. Je lui dis que Bonaparte était à Lyon, et se dirigeait sur Mâcon; que son arrivée, de lui, M. le Maréchal, nous rassurait tous, et allait nous mettre en mesure, au lieu de nous replier sur Besançon, de marcher sur Lyon. M. le Maréchal nous fit connaître que c'était son projet, et que s'il ne pouvait pas l'arrêter à Lyon, alors il l'inquiéterait sur ses derrières; que c'était le cinquième et dernier acte de la *Napoléoniade*, et autres discours dans le même sens. Le voyant si bien disposé, je lui ai proposé de quitter momentanément le service de ma division, et de le suivre comme ordonnateur de son corps d'armée; il l'a accepté, et j'en ai rendu compte au ministre de la guerre, en lui mandant que l'arrivée de M. le maréchal Ney avait relevé tous les esprits, et que nous ferions bien et vite. Le 12 et le 13, j'entrai chez M. le Maréchal comme son ordonnateur, et il m'a toujours paru animé des mêmes sentimens, et approuvait, ou du moins ne trouvait pas mauvais les sorties que je faisais contre Bonaparte.

Le 14 au matin, je lui demandai ce qu'il pensait de l'arrivée à Lons-le-Saulnier, du préfet du département de l'Ain; il me répondit que c'était un imbécile; je lui ajoutai: mais, M. le Maréchal, êtes-vous bien sûr du soixante-seizième? Vous feriez peut-être bien d'envoyer à Bourg, ou le général Lecourbe ou le général Bourmont: il me répondit que c'était inutile, qu'il y avait à Bourg, le général Gauthier, beau-frère du général Lecourbe. Alors je lui dis que j'avais reçu les journaux de Paris, qui contenaient l'adresse du corps législatif; il me témoigna le désir de les voir: je fus les lui chercher; je lui lus l'adresse du corps législatif; il me dit de la lui laisser, et je sortis. Je me rendis chez le préfet pour quelques dispositions de service; en revenant, je trouvais sur la porte de l'auberge M. le Maréchal avec tout son état-major, qui allait voir la troupe, je le suivis; il était entre le général Lecourbe et le général Bourmont. Arrivés à l'endroit où étaient rassemblés les régimens, il fit former le carré, fit battre un ban, et nous fit la proclamation qui commence par ces mots: *La cause des Bourbons est à jamais perdue!* absolument telle qu'elle a été rapportée depuis dans le Moniteur du 21 mars dernier. Nous sommes restés stupéfaits; il a fait défiler les troupes:

pendant qu'elles se préparaient à défiler, comme je me trouvais près de lui, il m'a dit: *Il y a trois mois que je savais cela de l'île d'Elbe!* Il avait alors la figure très-altérée et des larmes dans les yeux. En rentrant chez lui, il me fit appeler pour un ordre de service. Lorsque nous avons été dans sa chambre, où se trouvaient notamment les généraux Bourmont, Lecourbe, Jarry, d'Aboville, il nous dit qu'il nous attendait le soir à six heures pour dîner; qu'au surplus il nous donnait vingt-quatre heures pour délibérer. Nous nous sommes retirés; je n'ai pas été dîner le soir à six heures chez lui; mais pendant le dîner je lui ai fait remettre une lettre dans laquelle je lui marquais que je ne le suivrais pas, et que je rendrais compte des évènemens au ministre de la guerre; ce que j'ai effectivement fait en adressant au ministre, copie de l'ordre du jour signé *de la Genetière*, dont je remets l'original, à l'appui de la présente déclaration. Le soir, M. le Maréchal ne me fit rien dire; mais le lendemain 15, à cinq heures, il me fit remettre l'ordre ci-joint de me rendre à Besançon. J'en ai encore rendu compte au ministre de la guerre, en le priant de me faire passer ses ordres à Besançon. Je lui mandais que je les exécuterais si j'y étais libre. Je suis parti le 15 pour Besançon; et depuis je n'ai plus vu M. le Maréchal.

N°. XVII. — *M. Louis Gabriel Suchet, duc d'Albuféra*, grand cordon de la Légion-d'honneur, commandeur de l'ordre royal et militaire de Saint-Louis, de Saint-Henri de Saxe, chevalier de la Couronne de Fer, maréchal de France, âgé de quarante-trois ans, domicilié à Paris, a déposé comme suit:

« M. le Général, vous m'avez écrit pour me demander de déposer dans l'affaire de M. le maréchal Ney; je n'ai rien à dire à cet égard, si ce n'est que je n'ai eu avec lui, dans le mois de mars dernier, que des rapports de service, et pour preuve, je ne puis vous offrir que les trois dépêches que j'ai reçues de lui, sous les dates des 11, 12, et 13 mars 1815, que j'offre de vous remettre, sous la condition que vous m'en donnerez copie certifiée pour ma règle. »

*D.* M. le Maréchal, avez-vous reçu, avant le 13 mars dernier, d'autres lettres de M. le maréchal Ney, par lesquelles il vous faisait part de son projet de vous réunir, avec les troupes sous ses ordres, à Napoléon Bonaparte?

*R.* Absolument aucune.

*D.* Votre Exc. a-t-elle reçu, après le 14 mars dernier, des lettres de M. le maréchal Ney, dans lesquelles il lui transmettait les ordres de Napoléon Bonaparte, qui lui avaient été transmis par le général Bertrand ?

*R.* Je n'ai reçu aucun ordre de Bonaparte par M. le maréchal Ney.

**N°. XVIII.** — M. *Nicolas-Charles Oudinot*, duc de Reggio, ministre d'état, maréchal et pair de France, major-général de la garde royale, gouverneur de la garde royale, gouverneur de la troisième division militaire, grand cordon de la Légion-d'honneur, commandeur de l'ordre royal et militaire de Saint-Louis et de Saint-Henri de Saxe, grand-croix de l'ordre royal du mérite militaire de Bavière, âgé de cinquante ans, domicilié à Paris, a déposé comme il suit :

« Je déclare que je n'ai reçu de M. le maréchal Ney, dans le mois de mars dernier, que deux lettres relatives au service du Roi, et dont j'ai fait la remise à madame la princesse de la Moscowa, sur sa demande, et qu'elle représentera à M. le général Grundler s'il les lui demande.

*D.* M. le maréchal, avez-vous reçu, avant le 13 mars dernier, d'autres lettres de M. le maréchal Ney, par lesquelles il vous faisait part de son projet de se réunir, avec les troupes sous ses ordres, à Napoléon Bonaparte ?

*R.* Non.

*D.* Votre Exc. a-t-elle reçu, après le 14 mars dernier, des lettres de M. le maréchal Ney, dans lesquelles il lui transmettait les ordres de Napoléon Bonaparte, qui lui avaient été envoyés par le général Bertrand ?

*R.* Non.

**N°. XIX.** — M. *Félix, chevalier de Rochemont*, âgé de trente-six ans, rentier, domicilié à Autun, département de Saône-et-Loire, maintenant à Paris, où il s'est rendu d'après l'invitation de M. le rapporteur, a déposé comme il suit :

« J'étais employé à Lons-le-Saulnier, dans l'administration des impositions indirectes, lorsque M. le maréchal Ney y arriva, le 11 mars dernier ; je n'eus avec lui aucune relation pendant les 11 et 12. Le 13, dans la matinée, M. le marquis de Vaulchier, préfet du département du Jura, et M. le maréchal-de-camp Jarry, commandant de ce département, me firent appeler chez M. le général Jarry, où étant arrivé, le général me fit connaître que le maréchal Ney désirant confier une mission secrète et importante à quelqu'un de confiance et dévoué au Roi, on avait jeté les yeux sur moi, et qu'ils allaient me conduire chez S. Exc., dont je recevrais les ordres directement. Nous nous y rendîmes en effet, de suite, vers 11 heures du matin, avec M. le général Jarry, qui, après avoir parlé au Maréchal, me présenta à lui. Il y avait alors, dans le salon du maréchal Ney, le lieutenant-général Lecourbe ; M. le général Jarry y resta : en présence de ces deux officiers-généraux, M. le maréchal Ney me fit des questions sur les malheurs que j'avais éprouvés pendant la révolution ; il entra avec moi, à ce sujet, dans beaucoup de détails ; et, en me félicitant de mon dévouement pour le service du Roi, il me promit, si je remplissais la mission dont j'allais me charger, avec tout le zèle dont je l'assurais, qu'il en rendrait compte à S. M., et solliciterait pour moi une récompense ou de l'avancement dans mon administration. Sur ces entrefaites, M. le lieutenant-général de Bourmont entra chez le Maréchal, qui me fit connaître que son intention était de m'envoyer à Mâcon, pour y prendre des renseignemens sur le nombre des troupes qui accompagnaient Bonaparte, l'esprit des habitans et la marche qu'il se proposait de suivre. Il m'engagea à voir M. le général Gauthier à mon passage à Bourg, de lui donner communication de l'ordre écrit que je recevrais du lieutenant-général Lecourbe, et de correspondre fréquemment avec M. le général Gauthier, qui serait chargé de transmettre mes dépêches au Maréchal, qui me recommanda même de correspondre directement avec lui, si je le jugeais nécessaire, et pour des choses importantes et pressées. Il ajouta qu'il comptait sur mon zèle et mon dévouement, et que, dans cette circonstance, je pouvais être très-utile au service du Roi.

*( La suite au prochain cahier, qui est sous presse.)*

DE L'IMPRIMERIE DE MAME, RUE DU POT-DE-FER, N° 14.